# 美国小史

A Brief History of America

★ ★ ★

许倬云 讲授

冯俊文 整理

生活·讀書·新知 三联书店

Simplified Chinese Copyright © 2024 by SDX Joint Publishing Company.
All Rights Reserved.
本作品简体中文版权由生活·读书·新知三联书店所有。
未经许可，不得翻印。

**图书在版编目（CIP）数据**

美国小史 / 许倬云讲授；冯俊文整理. —北京：生活·读书·新知三联书店，2024.8
（满格）
ISBN 978-7-108-07849-0

Ⅰ.①美… Ⅱ.①许…②冯… Ⅲ.①美国—历史 Ⅳ.① K712.0

中国国家版本馆 CIP 数据核字 (2024) 第 102469 号

| | | |
|---|---|---|
| 策划编辑 | 张　龙 | |
| 特邀编辑 | 陈新华 | |
| 责任编辑 | 李静韬 | |
| 装帧设计 | 赵　欣 | |
| 责任校对 | 曹忠苓 | |
| 责任印制 | 卢　岳 | |
| 出版发行 | 生活·讀書·新知 三联书店 | |
| | （北京市东城区美术馆东街 22 号 100010） | |
| 网　　址 | www.sdxjpc.com | |
| 经　　销 | 新华书店 | |
| 印　　刷 | 河北松源印刷有限公司 | |
| 版　　次 | 2024 年 8 月北京第 1 版 | |
| | 2024 年 8 月北京第 1 次印刷 | |
| 开　　本 | 787 毫米 × 1092 毫米　1/32　印张 7.375 | |
| 字　　数 | 102 千字 | |
| 印　　数 | 00,001－30,000 册 | |
| 定　　价 | 49.00 元 | |

（印装查询：01064002715；邮购查询：01084010542）

# 目录

绪论　六十年来所经见的美国 / 001

第一讲　**早期美国的开拓** / 001
　　一、殖民者对印第安人的压迫 ...003
　　二、"新教精神"与"独神主义" ...005
　　三、自治城市与自治市政 ...008

第二讲　**寡头政治下的美国早期社会** / 011
　　一、英法之间的争夺 ...013
　　二、新英格兰地区的开拓 ...015
　　三、"波士顿婆罗门" ...018

第三讲　**西部大开发带来的影响** / 021
　　一、西部开发的缘由和方式 ...023
　　二、粗放的农业经营 ...028
　　三、西部开发的影响 ...030

## 第四讲　移民造就的今日美国 / 035

一、黑人移民的悲惨遭遇 ...037

二、美国移民的先后次序 ...042

三、欧洲移民与亚洲移民 ...045

四、移民中的阶层划分 ...048

## 第五讲　操纵：美国工商业发展的滥觞 / 051

一、第一波发展：轻工业 ...053

二、第二波发展：重工业 ...055

三、第三波发展：金融业出现 ...058

四、第四波发展：第三产业 ...060

## 第六讲　美式资本主义与欧洲资本主义 / 063

一、货币制度的改革 ...065

二、证券交易所和商品交易所 ...067

三、保险业的兴起 ...069

四、美国资本主义的兼并 ...071

第七讲 **城乡差距造成的阶级分化** / 075
　　一、美国的城市布局 ...077
　　二、城市带的出现 ...080
　　三、城市中心的分化 ...083
　　四、各区域的不均衡发展 ...087

第八讲 **美式民主政治制度的另一面** / 089
　　一、美国的政治制度和投票选举制度 ...091
　　二、美国选举制度的猫腻 ...094
　　三、掌握权力的大家族们 ...097
　　四、夺走人民权利的组织 ...101

第九讲 **新教伦理与美国精神的衰落** / 105
　　一、从开国到内战 ...107
　　二、罗斯福新政的社会福利制度 ...110
　　三、"四大自由"与《大西洋宪章》...113
　　四、"二战"后的经济复兴 ...115

第十讲　**撕裂的美国与未完成的资本主义** / 117
　　一、消费主义与"垮掉的一代"...119
　　二、自由主义的分裂...123
　　三、分散的美国...127

附录一　**1840年以来的中国与美国** / 131

附录二　**许倬云：中国的建设与我休戚相关** / 179

附录三　**五百年世界大变局，推荐十二本书** / 211

后记 / 221

## 绪论 六十年来所经见的美国

关于美国的历史,建国三百年来的变化,这个题目我之所以愿意讲,是由于我在美国居住了六十年;对于"美国社会这本大书",我也读了六十年。事实上,自1957年到美国念书之后,除开1962年到1970年在中国台湾工作的八年,我主要生活、工作的场所均在美国。六十年间,我亲眼见到美国的发展和世界的变化。由于我自己的专业是历史学和社会学,所以观察的角度,多多少少与自己的专业兴趣有关。当然我也相当幸运,遇到诸多巧妙的机缘,得以深入观察美国社会。

在芝加哥大学读博士时,我住在神学院宿舍。那里有一大批美国的小牧师、小神父在进修,我与他们住在一起将近五年,有很多接触,也随着他们参与了民权运动。那几年,我亲见美国许多的变化,比如移民的来来去去,不同教派活动的起起伏伏等。这段人生经历,为我观察、了解美国社会,打下了很好的基础。

我在美国各州也经常旅行。虽然手脚不便,但因好奇心重,所以旅行途中见到许多现象,这些现象,是一般留学生不容易看见,也不大会注意的。此外,芝加哥五年间,我在医院做了五次矫正手脚的手术——这五次住院每次历时三个月左右,使我接触到许多不同的病人,也与病人家属聊天,了解到一些平常读书看不见的真实社会。

后来,我到美国匹兹堡大学教书,有机缘到各处参加讨论会或讲演,和各处同行也常有聊天的机会。这种接触就不仅限于留学生时代狭窄的专业范围,而是更进一步涉及美国历史、欧洲历史以及世界各处的变化,包括社会学角度的讨论等。这些人给了我一些机会,能够比较方便地得到不少美国以及当今世界的信息。

我一辈子好奇心切,到了老年时,回头看六十年来在美国的人生经历,确实感触很深!初到美国时,面对一个新奇的共和国,我满怀好奇和希望——因为这是人类历史上第一次由立国精英团体自上而下设计、创造并发展，绵延至今的国家。

可是，也应看到，这个国家当初设立的制度，已存在三百年。就如一个朝代有盛衰，三百年来的世界和人类处在不断变化之中：当初许多制度设计所针对的情况，已逐渐有所变化；也有一些设计随着每个阶段的发展，呈现出特殊的状态——日久年深，这些设计或者变好或者变坏。在此过程中，美国由地区性的殖民政权逐渐扩张，成长为世界上最大、最强的利伯维尔场资本主义国家。又经两次世界大战，成为世界第一霸权。此后数十年间，美国内部发生的许多变化，同样也是有好有坏。

近年来，很多美国知识分子有同样的感觉：美国正在从极盛的巅峰走向衰落，因此陆续有七八本书出版，专门讨论美国的衰败。有激烈的批判者甚至认为美国当初的立国精神早已被忘记，原本设计的制度也被改变，种种现状是对美国文化的背叛。何以至此，许多人归罪于近若干年来的政治现象。但政治常常包含社会、经济和文化三个角度——看起来政治决策是一个结果，背后的原因却不一定在于政治本身。当然，错误的政治人物上台以及错误的政治决策也会推波助澜，有使衰败变得更快的可能性。

比如美国前任总统特朗普，就让自由主义阵营非常失望。可是，应责怪的，绝不仅是特朗普本人：他只是美国社会衰变之后的结果，而非社会衰变的原因；当然，在他任期内美国确实加速了下滑，这是非常令人伤心的事情。

我在美国生活、工作了六十年，这里相当于我第二个家。但与此同时，我始终是一个中国人，是一个东方人。因此，我具备内外双重的视角：我能以美国公民的视角从内部深度观察美国社会，又能以东方人的"他者"角度去看美国——这就是我要写这本书的理由。我今年已经九十三岁了，时日不多。我不仅要回忆、要检讨，也要把这些回忆、检讨讲出来。

要给读者说明的是，这十讲所讲述的内容，只是美国历史、政治、文化的框架结构，它也许不像美国史专著那样翔实、细密，但是大的骨架和重要的论点都有所交代。具体讲述中，每一讲我都会谈到早期美国出现的一些特点，这些特点如何延伸到后面。因此，从结构上看,这十讲既是按照时间的顺序在讲述,也是按照我看到的现象,择若干要点做一综合陈述。限于体例、时间,我只能尽量挑选一些重要的问题,给大家提供一些线索,需要大家自己去做更多推敲。

附录中几篇最近的文章,则是有关中美关系史的回顾,以及对当前国际局势的探讨。最后的推荐书目,我选取了十二本书,希望借此帮大家建立一个宏观的框架,从过去的历史来理解我们当下的现实。

许倬云
2023年夏,于匹兹堡

# 第一讲

# 早期美国的开拓

我们通常把"五月花"号到达普利茅斯（Plymouth）视为美国历史的起点，这是讲述美国历史的"官方说法"。其实搭乘"五月花"号来到美洲大陆的旅客，并非第一批在美国找到立足点的欧洲人，甚至也不是第一批来的英国人。在"五月花"号登陆以前，英国人曾经由皇家组织在弗吉尼亚（Virginia）的詹姆斯敦（Jamestown）尝试开拓一个基地。可是没有成功：这些开拓者在此生活三五年，就无法继续生存下去了。但英国人并未就此放弃，而是继续由皇家组织在北美的开拓活动。除英国人外，荷兰人、法国人也曾由东岸进入美国，这都是"五月花"号抵达之前发生的事情。"五月花"号在今天的麻省（马萨诸塞州，Massachusetts）开拓基地，后来成为美利坚合众国一些开国元勋的主要根据地，他们也由此开始独立运动。

# 一、殖民者对印第安人的压迫

自"五月花"号登陆殖民美洲开始,一直到后面所谓的"独立革命",美国才成为一个独立国家。其实,这群人到美国来,并不完全是为了追寻宗教自由,可能还有以下原因:英国当时对新教徒的迫害,让他们没有容身之地。当然,这些人也是想要在新大陆上,找到一个不受拘束的地方——甚至不必缴税、没有劳役,如此即可没有负担地发展自己的前途。

1620年,他们以新教教众的身份,组织为一个核心团体,集体搭乘"五月花"号来到美国。但是,抵达普利茅斯后的头两年,他们带来的麦种及其他粮食种子没有收获,甚至带来的牲口都无法存活下去。幸亏印第安人帮助他们,教导他们如何种植美洲的产物,如玉米、南瓜等,也教他们养殖火鸡的方法。所以,感恩节里这三样东西才最重要。

在此,我要特别强调:美洲原本是属于印第安人的地方。从哥伦布发现新大陆以后,白人在美洲东岸的加勒比群岛上,大量掠夺印第安人的土地,奴役他们的民众。在美洲大陆上,印第安人对白人如此善良、友好,助他们渡过难关。可等白人站定不久,就依仗火器的优势,将只知道拉弓射箭,没有马骑的印第安土著,纷纷驱赶到深山或边地。白人带来瘟疫(尤其是天花),印第安人没有抵抗的基因,于是大量死亡,多达千万人。人家友善相待,白人却夺人土地、取人资源,对原住民赶尽杀绝——这是白人永远无法解释,也无从逃避的罪状。

## 二、"新教精神"与"独神主义"

搭乘"五月花"号抵达美洲的人,以清教徒为主。因此,在新的殖民基地,他们并未带来英国皇室的授权状,也没有带来英国的制度。于是,他们只能自行创设制度;制度未定之前,教会就成为权力中心。清教徒带来的"新教精神",在如此情势之下,成为美国立国的依据。上帝对愿意接受神为救主的教众有特别的"恩施",这个"恩施"不是别人可以得到的,是种"双重的独占"。

第一重"独占":基督教是"单一神信仰",所以教外的群众都不配与基督教徒相提并论。也就是说,只有清教徒是上帝的子民,其他人都是异教徒。这一"独占"观念贯穿下去,不断造成种种灾害:如长期存在的黑奴贸易,美国南方庄园蓄奴现象等——哪怕是内战以后美国名义上废止了奴隶制,对于黑人群体的歧视仍长期存在,直到20世纪60年代的"民权运动"才有全面的改观。最近这几年蔓延全美的"黑人的命也是命"运动,何尝不是这种单一神信仰之下排斥、歧视异教徒的延续。近年来,恐怖分子在美国制造的问题非常严重;"9·11"事件以后,美国持续多年对伊拉克、阿富汗等中东国家用兵,更是加剧了伊斯兰世界与基督教世界的矛盾——其实,这是两个单一神的宗教信仰之间的冲突,如此矛盾已经持续千年之久。所谓"独断的精神":首先,尊奉自己信仰的神,排斥他者信仰的神;其次,只有信奉同一宗教的人可以在一起,余外他者,皆是外人。

第二重"独占":是宗教人士对教外人士的专断,乃至借由宗教权威戕害人命。普利茅斯附近新教徒的基地,曾经有一个时期是神权政治:治理此地的,是教会中特别有力量、有势力的宗教领袖。比如"猎巫运动"之所以形成,并非真有巫师存在,而是掌握权势的教士,给某个人贴上"巫师"的标签,指认其为信奉魔鬼的异教徒,将其残杀。本质上,这是以宗教的名义残害人权。

这种赶杀异教徒的"猎巫运动",是非常残忍且不讲理的"独断"。

如此"双重独占",持续了相当一段时间。到后来,美国才产生将宗教与政治分开的理论,也有若干具体的实施措施。一直到1980年左右,匹兹堡市政府仍有规定:圣诞节不能用政府的经费来安放基督教的马槽[①]以及纪念耶稣出生典礼的装饰品。然而,时至今日,美国总统就任宣誓时,还是需要手按《圣经》。

---

① 《圣经》记载,耶稣诞生在伯利恒一个山洞的马棚中,因为找不到干净的地方,玛利亚就用襁褓把他裹起放在马槽中。安放马槽由此成为西方圣诞节的传统。——编者注

# 三、自治城市与自治市政

我要特别介绍的第三点,是美国的政治制度。在英国、荷兰、比利时,民权运动很早就发生了。但是,美国要"平地起楼台",在没有政府的情况之下,创造出一套治理、管理的方法——这其实是一个"草根型"民主社会。因此,在新一轮发展中,产生了自治城市和自治市政。

首先,散在各处的农家要有一个"集合点",这个点通常处于道路交叉处,通常会有一个教堂,一个市政厅(Town Hall),还要开一个杂货店,既供应日用品,也作为交换物资的枢纽,到后来又开办了邮局——这四座建筑,通常位于十字路口的四个角落。最初的市政会议(Town Hall Meeting),就是本镇的头面人物和市面上以及农家有投票权的人集合在市政厅,讨论共同的问题。接着就要选举市长，还要雇用几位能够抓贼的警官——他们有枪，可以推动执行市政会议决定的政策；还需要法官。当然，他们也从英国带来了"陪审团制"，刑事案件要公民来陪审——公民认为有罪，法官才能判罪。这就是"草根型"的自治：公民实际上完全、充分地参与了地方事务。等到独立运动发生的时候，重要的决定是先从几个市政厅会议开始的。

直至今日，每逢竞选活动，总统候选人依然要到各地小城镇，直接面对选民演讲，阐述自己的政治主张。只是，如今的美国已经有上千个小镇，候选人不可能全部都去，就象征性地在每个地区选取若干具代表性的地方。

第二讲

# 寡头政治下的美国早期社会


英国人在美洲的开拓,最早是在新英格兰地区,以麻省为主。麻省就在今天的波士顿附近,英国人占据此地最大的一部分,法国人也曾在此开拓。

# 一、英法之间的争夺

1754年至1763年,英法爆发了长达九年的北美殖民地争夺战。这是英国与法国在美洲大陆上争夺主导权的一个重要关口。在这场决定性的战争之前,双方对北美的争夺持续了几乎一百年。英法双方都以印第安土著为雇佣兵,甚至以非常少的利益诱惑他们,供给他们枪、剑,训练他们骑马、射击。

当时,法国的殖民地曾经从今天的加拿大,一直沿着五大湖进入密西西比河流域,延伸到今日美国的新奥尔良(New Orleans),进入墨西哥湾。实际上,法国当时在北美的殖民地,是以大河作为交通路线而连成的一条长线。我居住的匹兹堡,就是这条线上的关键节点。

占据阿勒格尼河(Allegheny River)与莫农加希拉河(Monongahela River)交汇处三角洲的堡垒,本来是法国人建立，扼守航运河道要冲的据点。英国将其夺取，切断了法国南北的交通线。如此改变之后，英国的殖民地才有向内陆继续拓展的机会。此前，英国的殖民地就从北往南延伸，到今天的弗吉尼亚州、北卡罗来纳州、南卡罗来纳州以及马里兰州，这几个地区实际上是英国皇室主导的开拓公司在开发，所以州的名字也都由英国皇家命名。"弗吉尼亚"这个词，在伊丽莎白一世的时代，是"处女"的意思——其实，伊丽莎白女王有很多情人。

## 二、新英格兰地区的开拓

那些开拓公司开发的地区,与新英格兰地区有很大差别:前者以大地主庄园作为基本的经营方式,后者则是以工商业发展作为重要特色。此外,在新英格兰地区,包括今天的纽约和宾州的费城,这两处都有大河的河港——当年的海运不像今天吃水很深,是以木船为主,河港比海港更好。所以,纽约与费城就成为波士顿以外的两个中心点。自然而然,在东北角,从波士顿到纽约这一带,以发展工商业为重点;南方这几个殖民地,则以农业生产为重点。

两种不同的人,两种不同的心态。两种不同的经济制度,也就产生了两者迥异的治理方式:南方是庄园经济,庄园主是地方豪强;北方是工商业经济,工商业巨子——尤其是金融业巨子——成为当地实质上的统治者。这就埋下了此后南北内战僵局的根苗。

匹兹堡被英国军队占领以后,英国人继续向西开拓。前面所说两河相交处不远的小岛,则名为"华盛顿登陆点"(Washington Landing)——因为华盛顿在年轻时担任过"测量官",曾经在岛上作战时落水。那两河相交的三角洲,如今已经建设成为一个公园(Point State Park),里面有一家匹兹堡要塞博物馆(Fort Pitt Museum),还保留了当年堡垒的一部分遗址。三角洲对面的华盛顿山(Washington Hill),如今是匹兹堡著名的观景地区,能够俯瞰匹兹堡核心城区。新英格兰地区以匹兹堡为中心的内陆"前哨站",我称其为"玉门关"。总之,由纽约到匹兹堡,进而延伸到西部内陆以及南方庄园,这个大的"东岸三角形",是美国最初阶段开拓的主要区域。

纽约最早的开拓者是荷兰人,所以荷兰人将其命名为"新阿姆斯特丹"(New Amsterdam)。后来,纽约和波士顿的经营者合流,成为美国资本主义发展的主要力量。波士顿出现的一些经营方式,影响了美国整体的资本主义运作:银行、船运公司,以及为保证船运不亏本出现的海商保险,这三种业态合在一起,构成了美国资本主义最重要的机制——究其实质,就是资金的运用及流转。

当殖民地还未掌握足够资源时,美国最主要的经济活动是与北大西洋、欧洲之间的海上贸易——凭借风向和洋流,海船频繁横渡大西洋。其结果是,美国的经济很早就依赖进出口贸易,如此才能支撑殖民地的发展。直到今天,这依然是美国经济制度最重要的特色;也因此,美国的经济模式与欧洲的资本主义运作并不完全相同。

# 三、"波士顿婆罗门"

当年在波士顿地区,有三四十个从事与海商贸易有关的商业或金融活动的家族,他们构成了一个世代掌握财富的群体:例如洛奇(Lodge)、卡博特(Cabot)、杜邦(Lowell Dupon)、科芬(Coffen)等家族,都是众所周知的姓氏。到19世纪,有位作家就称这些人为"波士顿婆罗门"(Boston Brahmin)。他们的财富隐藏在各种经济活动背后,最重要的方式就是设立种种投资财团。

时至今日,这些人的子孙,仍是美国政坛、商界最重要的获利者,国家最大部分资金也仍然掌握在这批人手中。波士顿市立银行(Boston City Bank)以及花旗银行(City Bank of New York)和他们有着千丝万缕的关系。纽约州没有"波士顿婆罗门",但是洛克菲勒这种富豪家族也长盛不衰。今天的豪门肯尼迪家族，还算不上"波士顿婆罗门"：他们是爱尔兰移民，肯尼迪的祖父专做私酒和鸦片买卖，后来被罗斯福总统收拢，担任海关总监——这就好比以强盗抓贼。经由如此"招安"，肯尼迪家族逐渐成为世家之一。如此起家方式，在中国人看来非常不光彩，在美国则是惯常手段。还有杜邦家族，直到今天，杜邦公司在世界上的化工业、制药业依然占有很大比例——从火药到我们日常吃的感冒咳嗽药，都是杜邦家族生产的，可见这是多大的一个财团。

如今，这些财团还在不断更新、重组，其投资范围及资产也早就遍及全世界。如此的世袭金融财团，才是美国实质上的统治者。就此而言，美国并不算是一个名实相符的民主国家。根据柏拉图的理论：这是一个"富人政治"主导下的国家。他们的财富不会分散，因为没有分家制度，而是聚集为投资财团。

这一讲我想说明的是：革命以前，在几十个家族的主导下，以英国殖民地为主体发展出的制度，成为实际上主宰美国发展动力的"火车头"。寻根究底，美国这个国家是"寡头"所有：掌握国家财富的，是永不消失的"波士顿婆罗门"。这个群体极其封闭，唯一不在"圈内"而能加入这个群体的，是历任的哈佛大学校长及其后裔。所以，今天美国各城市都有"富豪俱乐部"，比如匹兹堡的俱乐部名为杜肯俱乐部（Duquesne Club），此外还有哈佛-耶鲁俱乐部（Harvard-Yale Club）等，这些俱乐部，就是各大城市真正决策的神经中枢。

我想，这些资料不见于一般的历史书。我在美国生活了六十多年，所以知道这些制度如何存在——美国的历史教员也知道，但他们不会说。

第三讲

# 西部大开发带来的影响

这一讲,我们主要侧重于美国向内陆开发的过程。由此可以明白,美国是如何一步步形成的。

# 一、西部开发的缘由和方式

向内陆开发的主要步骤,是沿着"五大湖"①向西。这条路上,匹兹堡是最后一个殖民地据点,也是第一道向西开发的关口。因此,匹兹堡早期的别名是"西向关口"。于是,俄亥俄州以及宾夕法尼亚州靠西的一块土地,就被称为"西方延展区"(West Morland,又称"西域")。要到后来,圣路易斯(Saint Louis)才变成中部向西开发的关口。圣路易斯市的河边,也有一个巨大的拱门,被称为"西关"。更晚的时候,才由新奥尔良进入得克萨斯(Texas),那是另外一段故事了。

从匹兹堡周边我们可以看见,那时候的县

---

① 位于美国和加拿大交界处,是世界上最大的淡水湖群,按照大小分别为苏必利尔湖、休伦湖、密歇根胡、伊利湖和安大略湖。——作者注

（County）和州（State）都被划成方块。最典型的就是俄克拉何马州（Oklahoma）一带，由当时英皇授权（Chartered）的美国殖民地政府（还不是共和国政府）管理：他们把印第安人的土地划成方块，1平方英里[①]一块作为基本单位，以一美元、两美元的价格售予开拓公司；开拓公司再从英国招募开发人手。

这一波的开拓，从美国开国前二三十年开始。当时，美国殖民政府已经从法国人手中夺取匹兹堡的控制权，由此也打通了向西开拓的门户。美国人向西开拓疆土，是为了取得财富：最初是贩卖印第安人手中的皮毛，将其运到欧洲获利。后来，开拓者取得土地，开始放牧牛羊，耕种土地，种植各种从欧洲带来的谷类，以及印第安人原本食用的玉米等。再后来，他们发现了煤油、煤矿、铁矿等矿产资源，还有大量木材——掠夺天然资源也成为美国人向西开拓的重要动机。

这一时期出现的重要变化，是招收来美洲大陆开拓西部的人不再只是来自英伦三岛——虽然英伦三

---

[①] 1平方英里约等于2.59平方公里。——编者注

岛的移民还是占了相当大的比例（苏格兰人和爱尔兰人都在其中）。还有一大批新移民是中欧人：彼时中欧正处于民族国家兴起阶段，战乱不休，本土资源也有限，因此大量人口外出逃荒，其中就有相当部分远渡重洋，开发新大陆。

匹兹堡旁边有个县，音译名为"威斯特摩兰"（Westmore-land，西域）；俄亥俄州有所大学，叫作凯斯西储大学（Case Western Reserve University，西域保留地）——"Westmoreland"和"Western Reserve"，这两个地名中都有"west"一词，因为它们都在匹兹堡以西。

为什么宾夕法尼亚州有印第安纳大学（Indiana University of Pennsylvania）和宾夕法尼亚大学（University of Pennsylvania）？"Pennsylvania"和"Indiana"都是后来的州名，可能是因为"Indiana"是印第安人的土地，"Pennsylvania"是纪念开拓者"威廉·佩恩"（William Penn）而得名。

如此这般，大批开拓者往西开发五大湖区，包括如今的芝加哥一带。这条路上，从匹兹堡一直到了伊利诺伊（Illinois），这一带铁矿和煤矿很多。当初这条路上还没有公路，更没有铁路。如此众多商户及开拓者的进出，主要依靠驿马车（Stage Wagon）[①]及运河水运，五大湖区就是水运占优势。今天我们仍可看见当年人工运河的遗址——水道和水道之间的联通，需要靠人工运河运货，或者以马匹拖船过闸。直到向西开发到尽头的太平洋沿岸，美国人发现单靠水运已经不敷使用，方才着手开辟道路。从费城开始，经过匹兹堡往西的道路开通以后，旧"十三州"的人口迅速增加，很快翻了一番。这便是美利坚合众国成立以前最大的"财富仓库"。

这条道路开辟以后，马车行走的公路随之开通。当时主要使用的是所谓驿马车，由六匹或八匹马，牵引大车载运人货。沿途停驻之处，形成许多驿站，在周围发展为许多大农庄。正是这种马车，承载着西进中的美国，最终开拓出一个广土众民的大国。

今日美国地理的道路区划，也因此与当初开发的"街段"有关。如前所述，一平方英里一个小"街段"、

---

① 驿马车，四轮篷车。——作者注

十平方英里一个大"区块"作为开发单位，以低廉的价格标售给了新来的开拓者。从匹兹堡以西，在公路上我们可以看到一个个方正街道构成的方块；方块旁边是一条南北向的公路，以号码命名。每一条大路走通以后，才逐渐向内陆继续开发。

在匹兹堡附近，宾州和纽约州发现了油矿——早期油矿不是作为能源，而是作为油灯的灯油以及做润滑剂的重油。如此，就为接下来的发展铺下一条预设的道路。在这一带后来也发现了煤矿和铁矿，匹兹堡就从农业生产区转变成重工业生产区，其钢铁产量一度居于世界之首，匹城也因此保持重工业中心的地位，直至20世纪80年代。

## 二、粗放的农业经营

美国历史上西进的过程，也是印第安人的血泪史：大批印第安人被驱逐到山里，那些侵略者组成的骑兵，则摇身一变成为所谓"开拓者"。这些人无偿取得印第安人的土地，他们带来的无非是工具和一些简单的技术。

于是，美国内陆逐渐被填满，处处都是欧洲新移民占领耕地后形成的市镇和村庄。那些市镇的街市形式，正如十三州成立以前形成聚落的方块形一般，星罗棋布，大致填满了地图，除了中间和偏北部以外——这就是我们所知道的美国。因此，美国历史的一个长期主题是：其发展就是不断地向内陆开拓的过程。

以前述方形的街区为单位修筑房屋：四个街区组成一个十字路口，就是市政厅所在——这是美国大部分地区典型的发展形式。

这些开拓者在西部建设的大农庄，其面积有可能是一平方英里，也有可能是四平方英里甚至九平方英里。他们将拉车的高头大马改为拉重犁，可以翻动三四尺深的土地，如此造就了美国的大农庄经营，欧洲从来没有这么大规模的土地经营方式。

这种大农庄的经营方式，也有很多弊端。第一个弊端是：他们的农业开发，是简单粗暴地将树木统统清除，对自然环境造成极大的破坏。匹兹堡到芝加哥之间本来有广袤的森林，据说一只松鼠从匹兹堡开始，可以一路从树上跳到芝加哥而不用落地。如此广袤的森林在20年内被砍伐殆尽，天下最造孽的事情，莫过于此。

第二个弊端则是：他们不在乎土地，也不会经营土地，所在乎者，唯有利润。美国农庄耕种使用的是深耕大犁，没有机械的时候就用马拉。从收获之后到耕耘期，他们只是把土挖出来再深翻一次。尤为可惜的是：这里很多地方是火山土，翻一次用一季，在收获以后，秋风之下，大批表土便被吹走。年复一年，无论多肥沃的"处女土"都会丧失殆尽。今天美国的肥沃表土已经所剩无几，完全要靠水和肥料维持仅一季的农产。

## 三、西部开发的影响

向西开发成为美国一段重要的历史,借用中国历史上对张骞通西域的描述:"凿空"。由此,他们宣称美国的精神就是开拓(Pioneer)。开拓的路上不免冒险,为了在其选择的土地上生存下来,西进的移民不得不自力更生,挣扎奋斗。这群人最初的境况很是凄凉,因为英国皇家骑兵队给予他们的帮助甚微,他们只得自封上校,组织民兵队以驱赶印第安人。如此彼此协作,从无到有,方才在这片陌生的土地上安顿、扎根。

西进运动之前,五大湖一带本有几十个部落,三百万名左右的印第安居民,他们编组了一个和平的联盟,日常以渔猎和小规模耕种为生。随着西进移民到来,这些部族被拔除根脉,驱逐到更偏远的地区:他们一部分向北而行，一部分进入山区。如此，两个世代以后，原本的三百万人仅剩几十万人。美国电影《魂归伤膝谷》(*Bury My Heart at Wounded Knee*)讲的就是这段故事。电影中的主角"疯马"和"坐牛"，就是印第安人抗争的领袖。电影里有句台词："在这个国度，必须不停地奔跑，才能保持在原地。"但其实，对于那时的印第安人，不停奔跑也未必能留在原地。就连他们一再退让、迁徙的荒凉的"保留地"，也随时有被掠夺，再次被连根拔起的可能，只因白人在保留地里面发现了矿产。白人殖民者犯下的如此罪行，不可原谅。

美国南方的开发，比起西部时间较晚。大规模的开发是从19世纪中叶美国内战前开始，大致以得克萨斯为主体，从密西西比河往西，一直到新墨西哥（New Mexico）和亚利桑那（Arizona）。这一区域本是墨西哥的土地，美国历史上著名的"阿拉莫战役"，实际上就是美国有组织的开拓部队抢占墨西哥人的土地，因其"温泉关战役"式的以少胜多，被美国人渲染为勇气和牺牲的象征。直到如今，前总统特朗普还在那里造了一面墙，阻挡墨西哥劳工进入美国。其实这片土地原本就是墨西哥人的领土，长期以来他们来这块土地上工作，如今却要被当成仇人赶走。

但是，从好的方面讲，北美的开发也容纳了欧洲无数贫穷移民，为他们提供了一方可以自由发展的新天地。其中最为重要的成就，就是对中西部的开发。他们主要的据点芝加哥，既是陆路纵贯线的中点，也是水道运输的终点，实际上这座城市相当于中部的首府——既是中西部经济的中心，也是后来中部的交通枢纽。美国中部的发展，基本就是由此向北、西、南三个方向辐射出去，向南是沿着密西西比河推进。

西岸的开发中，加利福尼亚州（简称"加州"）的形势也值得关注。加州原本是西班牙人的殖民地，西班牙的天主教僧侣在这里建了很多教堂，每个教堂都是由教会管理的分支机构。后来，随着墨西哥从西班牙独立，加州为墨西哥所接管。因此，很长一段时间，这片地区相当蛮荒。作为西班牙人后裔的墨西哥人，其实无法抵制美国东岸西向移民的蚕食。尤其是19世纪40年代发现黄金以后，西岸当时还并非美国领土，理论上还是墨西哥的殖民地。淘金者大批涌入,其中包括很多中国人——旧金山即因此而得名。外来的移民在山前掘金,在谷地开拓农庄,其中有水果园和葡萄园,加州的葡萄酒行业由此快速发展。中国人其实只有少数是淘金客,大多数则是被雇用为劳工,开发谷地的农地以及海岸边的城镇土地。

如此风潮之下,加州的经济虽然得到了发展,但自然环境也被破坏得一塌糊涂。为了灌溉几十里路长的葡萄田、柑橘园等,山区的水被大量引入河谷——山上缺水,树木干枯,年年有山火。得克萨斯州地势平坦,沼泽地带原本有许多弯弯曲曲的河流。为了灌溉新开拓的农田,这些河流最后都由大型水利工程的水闸截流,流入农垦区。河流不再有自己的流向,自然环境被干扰的后果,是美国各处不是大水泛滥,就是水量不足。假如从飞机上俯瞰,美国的河流不是越到河口水量越大,而是逐渐缩小,不见河流流入出海口。

总之,美国向内地开拓,向西进发,就美国人的立场而言,是"天上掉下一大片土地",他们得到了世界上最大的农耕地区。对于地球来说,却是最大的一片农耕地区,以及大片的森林被破坏。如果用中国式的精耕细作的方法耕作,这片土地的环境不会被破坏得如此严重。美国的开发糟蹋了自然界的平衡和常态,短期的收益会造成永久的伤害。美国将来国力的衰弱,践踏土地资源将是一个重要的原因。

第四讲

# 移民造就的今日美国

我在美国居住了六十多年,也是移民中的一员,因此,对这一问题极有兴趣,也一直在关注他们的所做、所想。

众所周知,美国是个移民国家,有"大熔炉"之谓。只是熔炉虽大,也有一定限度:最明显的就是他们对移民的接收,基本是奉行"白美政策"——即希望来者都是白人。像我们黄色人种以及其他有色人种,最初是不受欢迎的。现在我先谈谈这几个族群的社会地位与他们的遭际。

## 一、黑人移民的悲惨遭遇

最早到美国的黑人移民，实际上非常不幸，因为他们并非自己主动前来，而是被掳掠至此。自哥伦布发现新大陆以后，西班牙人就开始在加勒比海的岛屿群上发展一些事业，以种植业为主。因为那里人烟稀少，他们就从非洲贩卖黑人进来，作为种植园的主要劳动力。这件事很残忍，葡萄牙的商人沿着非洲西海岸走，让当地的黑人部落去掳掠别的部落的人口，将其贩运到美洲，这就是黑奴买卖。这一贸易的资金由犹太人出，黑奴由葡萄牙人运送，到了美洲以后由当地白人购买——起先在加勒比海一带的西班牙移民，以及此后的英国、法国移民，都是上述黑奴的买主。

长达三四百年之久的黑奴贸易，使得非洲人口损失很大。从非洲海岸出发运送黑人的船只很小，大概只能容纳300人。为了提高利润,船只常常超载。关押黑人的方式也很残忍,他们的双脚被套上铁圈,铁圈被钉在甲板下的货仓里,像沙丁鱼一样紧密堆叠。拥挤的船舱空气污浊,饮食恶劣,加上海上的风浪颠簸,黑奴们一路又吐又泻,胸中愤懑,活着到达美国口岸的有一半就不错了。

当运载黑奴的船只抵达港口,岸边常常就已站满买主。黑奴们一排排下船,被牵到交易台上:有买主出价,犹太卖主则将黑奴的嘴巴掰开给他们看——通常买牛、马和羊要看牙齿,在这里买人也要看牙齿,有经验的买家由此可轻易看出黑奴是否健康;此外,还会通过观察手、足、胳膊,判断其是否有力气。一般而言,精壮男子售价最高,年轻女子售价也很高,因为女子可以生育;小孩售价不高,周岁以上的孩童价值很低——整个过程,视人如牲口。

在美洲,黑奴买卖最初主要在美国北部及东北部,因为那里资本主义更发达。新英格兰地区也有人购买黑人,主要用来从事家庭工作,比如作为花匠、仆役或街上洒扫的工人等。与之相比,南部种植园主购买大量黑人，主要是为了庄园种植。美洲的主要经济作物是棉花，黑奴们的主要工作就是种植与采摘棉花，这是很繁重的工作，天一亮，他们就戴着沉重的镣铐，在白人监工的鞭策下，开始一天的劳作，日复一日。20世纪的著名小说《飘》，后来被改编成电影。而近来，又有2014年获得奥斯卡奖的电影《为奴十二载》，讲述的就是19世纪中期，一位生活在纽约、受过教育的自由黑人，被人诱拐贩卖为奴，经历多年磨难后重获自由的故事。

黑人买卖的最高峰，是在1776年美国建国以后。那个时候因为英国的工业革命，棉纺织业成为新兴工业，国际市场对棉花的需求迅速增长。1793年，美国人伊莱·惠特尼（Eli Whitney）发明了轧棉机，适时解决了棉花脱籽的问题，极大地提高了效率，这就为南部的棉花种植带来了大发展的契机。种植园主们开始大肆购买黑奴以攫取更大的经济利益，同时建章立制约束黑奴的自由，让他们永远在社会的下层，永世不得翻身。

我在匹兹堡大学历史系的同事估算过，美洲从开始买卖黑奴到南北战争,如果按一船运送一百人的数目计:二百多年间,大概运了三千万名黑奴到美洲,相当于非洲西岸居民人口的1/4。但能够活着抵达美洲,作为劳力的幸存者只有一千万——大部分黑奴在运送途中,以及工作场合中被虐待致死,余外就被驯服了。

今天回看黑奴的情形,很多中国人骂美国黑人不争气。但我们要知道:没有人天生愿意做奴隶,黑人中也不乏有勇气、敢于反抗者,但反抗者最终都被处死。漫长的余生里,那些被迫屈服的黑奴,没有接受教育,没有家庭,当然也就没有家庭观念——买卖黑奴的时候不让夫妇在一起,女奴除了种田以外,就是生育小孩,而且生出来的孩子生父不明,长大后或者庄园主自用,或者售卖他人,就如动物一般。如此日复一日,他们怎么会还有反抗的勇气?

理论上,南北战争是北方人为解放南方黑奴而发动,实际上是南方的农业区与北方工业区之间的矛盾所致:北方需要棉花做原料发展工业,而南方却把棉花出口到欧洲;北方需要提高关税保护自己的工业,南方却要降低关税进口商品;此外,北方的资本主义发展也需要黑人的劳力。因此，这场战争并不纯粹是为了人道——即便林肯总统是出于人道，支持林肯打内战的大多数人还是为了利益，不要太理想化他们的意图。而且，南北战争期间及以后，真正解放的黑奴基本上都已迁移到北方。南方的农庄上，如果还有黑人工作，他们与主人的关系，虽然没有明说，但在实质上还是不平等的。而且，一直到20世纪六七十年代民权运动高涨前，黑人的投票权实质上并不被尊重。

## 二、美国移民的先后次序

我在讲美国立国前的历史时说过美国西部开发的过程。第一波进来的是英国人后裔,第二波是从宾州的西边开发的欧洲新移民。19世纪中期爱尔兰爆发大饥荒后,大批爱尔兰人逃荒来美。不过,1910年大灾荒中进来的人更多。还有就是中欧及东欧的人,尤其是来自巴尔干半岛的移民,因为故国工业不发达,他们便陆续来美国开垦田地。他们只知道种田,常常扛把锄头、带把斧头,就漂洋过海而来,被开垦公司运送到工地去。这一时期,也有大批华工渡海来美,他们最初也是被送往待开垦的地区,开发农庄,以及淘洗金沙。在这个阶段过去之后,大批华工转入美国建筑横贯东西的大铁路工程。这些华工的社会地位之低下,工作之辛劳,其实比上述欧洲劳工的处境还要差。

东欧人和中欧人大部分信仰天主教,他们的家族观念很深,通常聚族而居;开垦田地也是和附近的亲戚以及同时期来的人一起进行,以其获得的收益来偿还船上的旅费以及返还地价。这一过程中,有些人可能储蓄了一点钱,便以十倍或二十倍的"加盟价格"向开垦公司买地,也可以自己向美国政府标购土地。这批新移民分布的地区,大概在今天从宾州往西,直到中部这广大的平原上,今天这一带还被称为"麦带"。

举例而言:我在匹兹堡大学历史系的秘书,是一位来自巴尔干半岛的移民后裔。她有两个女儿,每个女儿结婚都要招待亲友二百余人——因为她家一小时车程距离之内,就有二百多亲戚。这些人大多是公司小职员,或乡下小店铺里的帮工,工作上没有太多上升空间。我的这位秘书中学毕业后,在社区学院(Community College)修了点课程,就到匹大历史系工作。她在我系工作近二十年,直到我退休才转做系里的主任秘书,最近她也退休了。她的丈夫是一个印刷工,自己开个小印刷所,印喜帖、广告一类的东西。

数码印刷出现以后,他就失业了。这些人大多数是从事半劳力的工作,只因他们累积的资本不多,当初过来的时候都是穷困者。

## 三、欧洲移民与亚洲移民

因为东西部之间路程遥远,交通不便,很长一段时间,美国对西部的开发都极为有限。从 1810 年到约 1850 年,经过了约四十年的时间,这个国家才初步建成了贯通东西的铁路网,最初的规模是三横三纵。铁路的建成,使得原本需要几个月时间、漫长而危险的路程缩短到一周,为西部带来了大批想要淘金的欧洲客。

这批人里有一部分是意大利人和爱尔兰人。他们到此后,多数做警察或城里的劳工,也有些做船员。在东岸以及中西部城市里,他们的势力很大:意大利人有黑手党一类的帮会,组织严密,内部争斗也很激烈;爱尔兰人因为都讲英语,很多担任警察职务。警察这项工作是"铁饭碗",可以世袭,也可由此进入基层地方的政治活动中，掌握政治力量，进而向上发展——例如爱尔兰后裔的肯尼迪家族现在已是最高的阶层。因此，爱尔兰人在市政府和县政府阶层中的势力很大，属于美国移民里的最高阶层——前述中欧和东欧移民，位居第二阶层；再往下，就是黑人移民。

如前所述，华人也是趁着"淘金潮"和开发西部的机缘，作为劳工进入美国。彼时正值"太平天国"战败，兵士多亡命海外，其中一批到了东南亚，一批就到了澳大利亚、美国。他们到美国之后，或充当金矿里开矿的工人，或在西岸开发农田、开垦土地。这些人将农庄整理好，交由白人耕种，自己转而做铁道工人。前述横贯整个北美大陆的铁路，基本是以华工为主力建成的。尽管如此，华工仍然得不到他们想要的移民配额，没有政治权利——迎接他们的，是大规模的排华。

比如在东西岸专门开垦农田的华工，常常是甫一完工便被赶上船，深更半夜被运到墨西哥。今天的墨西哥人，有许多名字中间有一个字是中国姓——因为西语系的姓名中第一个是自己的名字，第二个是父亲的姓，最后一个是母亲的姓。这是因为到墨西哥的华人，其中一部分人与印第安裔和非裔的墨西哥人混血，形成了新墨西哥人。还有一批华工，则从墨西哥分散到智利、秘鲁等国家，帮助他们打独立战争——太平天国的军人本就善于打仗，在战场上起到很大的作用。中南美的将军们，有许多是中国人的后代。

总而言之，因为美国社会强烈排华，作为铁路工人的华人只能跟着铁路走，并由此分散各处：每条铁路线的站口，都可能有华人做花匠、园丁、洗衣工之类的杂工；更多人选择开餐馆，主营"杂碎"（Chop Suey）——就是将各种蔬菜、碎肉混在一起的"杂碎菜"。

## 四、移民中的阶层划分

在美国工业大发展时期,钢铁、汽车工业都很发达,中欧一带例如德国的熟练劳工,成为第三波劳工移民中的支柱。他们的社会地位慢慢上升,到他们的子弟,就变成美国的中产阶层。

由此可见,美国的移民阶层化是非常分明的现象:第一层次是英伦三岛来的英国人,第二个层次以后来居上的德国人为主,第三个层次是中东欧的移民,第四个层次是中国人以及拉丁语系的移民,最底层是非洲移民。

此后,拉丁语系移民源源不断进入美国。今日的美国社会,这一语系的人口已经要超过黑人;美国的语文教育中,西班牙语也已经是"第二国语"。如此情况,在西岸更为突出。

至于东方人，太平洋战争前日本人陆续移民美国。但其实，日本人在美国的待遇并不比中国人好。尤其是"二战"之际，作为敌对国后裔的日本移民，普遍遭到仇视，被集中转移到安置中心，关了两年半。这些安置中心往往在最荒凉的地方，由高墙、铁丝网隔离，无异于集中营。"二战"后，日本人才摆脱了这种境遇，慢慢向上发展。朝鲜战争以后，进来一大批韩国人，越战时又进来一批越南人，他们在美国的地位与中国人差不多。印度人来美国的时间相对晚，多在20世纪70年代以后。和其他亚裔不同，移民美国的印度人多来自社会上层，受过良好的高等教育。他们很聪明，尤其是数学与英文的掌握程度均高于其他族裔，因此一进入美国就处于中产阶级上层。

来自世界各地的移民，造就了今日美国。在此过程中，白人占尽便宜，有色人种都被压在下面。从移民的阶层可见，美国号称是个自由平等的国家，"平等"二字的含义，其实是因"人"而异的。

第五讲

# 操纵：美国工商业发展的滥觞

美国工商业的发展，从建国以前开始，先后经历了以纺织业为代表的轻工业，以汽车业、钢铁业为代表的重工业，以保险、银行、投资为核心的金融业，以及以咨询、服务为中心的第三产业四个阶段。

# 一、第一波发展：轻工业

从时间上来说，美国第一波工业发展是在开国前后——准确地说，开国前就已开始。那时候的工业主要是纺织业。说到纺织，有桩大家可能想不到的事情：美国最早的一批移民，日常用度仰仗的其实是中国运来的布。那时候的北美百业待兴，也没有成型的纺织业，他们只能将美洲野牛的皮毛贩卖至欧洲，自己也多穿皮制衣服。直到后来，才开始买外来的布匹。其中，移民们最常穿的所谓"蓝色牛仔裤"（Blue Jean），就是源自中国南京产的土布，名为"南京布"——这种布一般染成蓝色，非常结实耐用，在中国多是供海员、水手、渔夫以及工人使用。被运到美国后，成为美国人非常喜欢的布料——"Jean"这个单词，其实就是南京的"京"的音译。后来，随着美国南部棉花业的兴起，美国人开始用其南方的棉花，在麻省的最北面开设纺织厂，生产美国人自己的牛仔裤。

除了纺织业，也有一些小工业的发展，比如制作洋油灯，以及锅、盆、碗、铲等家用物品。慢慢积累起生产经验，逐渐扩大市场以后，美国人就不再从欧洲采购日常用品。这就是美国第一波的工业发展，总体来说，规模不算大。

## 二、第二波发展：重工业

美国本土大规模的工业发展，是在第二波的重工业时期。19世纪初期，美国开始有小机械的制造，比如脚踏车、拉车（运送重载物品的专门车辆，以人力或马力拉动）、马车以及运河使用的绞盘等。那时机动车辆还不多，美国一开始设计生产运送矿石的火车，然后扩展到生产重载的机动车。重载机动车的制造，意味着美国的重工业迈出一大步，因为火车的发展是和美国的煤矿业开发相配合的。铁路开发以后，市场变得更大，交通工具的需求量也变大，于是开始发展汽车业。

汽车并非美国人发明，欧洲汽车业这时也在同步发展，但福特公司却一度拔得头筹：福特生产的T型车，以其低廉的价格成为当时全世界最为畅销的车型，也推动了美国汽车的普及化。不仅如此，1913年，福特汽车还启用了著名的"生产流水线"，简化了汽车组装流程，极大提升了汽车生产效率。汽车产业的发展，推动了美国工业体系的进一步完善，带动了整个工业产值的提升。

这一阶段的美国工业，除了汽车制造，还有电灯、电话业。爱迪生的电灯、贝尔的电话机，几乎是在19世纪80年代同步发明的。及至20世纪初，电话、电灯的生产、应用已经全面普及。再配合一些大的矿业公司的发展，比如匹兹堡著名的钢铁巨头卡耐基公司——洛克菲勒其实最初也是开煤矿的，后来才转而开采石油。

这一波的工业发展，可谓波澜壮阔。卡耐基公司最初的资金就来自前述新英格兰地区的纽约大商人，他们投资推动了新兴行业的蓬勃发展。卡耐基本人亦算得"时势造英雄"，他本是苏格兰的穷孩子，随父母一起到新大陆，在工业中心匹兹堡重新开始生活。由于父母收入低微，十来岁的卡耐基只能辍学，在当地一家电报公司做扫地的小工，其间学会了打摩斯电码以及收发电报。有了这段经历,他成功受聘,成为宾州铁路公司主任的私人电报员。在这里,修建了第一座横跨密西西比河,连接东西部的铁路桥。由于大桥靡费钢铁甚多,而钢铁在建筑材料中价格高昂,卡耐基意识到了钢铁的重要性,于是斥资进入钢铁行业,就这样一步步地成为"钢铁大王"。

这便是美国第二阶段的工业发展,时间上从19世纪下半叶开始,持续到20世纪初,堪称美国维持时间最长的重工业发展期。这个阶段出了许多了不起的人物。他们虽然出身贫寒,但勤劳肯干,善于利用机会,从欧洲引入很多熟练的劳工帮他们做事。这一波的工业大发展,为美国工业奠定真正的基础,最终使美国超过了欧洲。

## 三、第三波发展：金融业出现

在重工业大发展的带动下，美国的金融业、保险业、银行业亦开始兴盛，以金融之名，将个人手里的钱转出去，投资到工业的发展上。当时还没有"风险投资"（Venture Capital）一说，但究其实质，也与"风险投资"差不多。因此，最赚钱的永远是金融业。

以匹兹堡的梅隆财团（Mellon Financial Group）为例，梅隆家族从小银行的职员起步，逐渐发展成很大的财团。它与波士顿知名的大公司以及纽约大财团彼此在竞争中合作，互通有无，成为美国社会掌握天量资本的大阶层。这个阶层的资金永远不会散，他们并不直接将家产传给子孙，而是设立信托基金（Trust Fund）进行投资，子孙可以每年领取定额用度，而本金不散。

总之，美国社会最上层的投资人、富人，趁着大工业化发展赚了很多钱。后起的基金基本都是从这些大基金衍生出来——直至今日，他们还是美国实质的统治者。

## 四、第四波发展：第三产业

第四波产业发展，是以资讯业以及服务业为中心。他们起家的基金同样来自金融业的风险投资。最近二十年来，最重要的发展是资讯与服务业，尤其目前，又相当注重人工智能的发展。当然，任何现代资讯企业，都不能脱开"芯片"的支持。于是，这种特殊设备的发展与生产，也必须要在开始时就投入大量资金，才能维持不断地供给这些设备和零件。

由此可见，美国的工业始终与商业密切合作。社会上层既掌握资本，也拥有产业，并经由投资不断进入新兴行业，获取巨额利润，进而影响乃至操控政治。他们正是经由如此方式，统治、操纵美国经济发展过程中需要的融资进出。由于这些基金的移动可以决定哪一个工业向怎样的方向开展，尤其新出现的高端工业，假如没有这种投资者，高端工业开始时需要的昂贵设备就无人投资了。因此，整个美国的经济状态，其走向以及强度，实际上政府无法操纵，民主制度更无着力之处。整个美国经济的发展，其发动、支持以及整个的维持，都是仰仗这种投资集团。他们聚集了大量的基金，而又有互相协助的保险制度。他们的利益基本上处于不败之地。如果说，资本主义是美国的立国根本，这种投资基金的运作，就是资本主义经济的"火车头""方向盘"以及"流动的水源"。

第六讲

# 美式资本主义与欧洲资本主义

　　这一讲,涉及美国商务行为和商业活动的特色,这也是资本主义的重要一环。美国的资本主义是从欧洲学来的,又并非完全照搬欧洲,而是以欧洲模式为基础做了很多新的发展,而且非常灵活。

## 一、货币制度的改革

美国建国之初是个联邦共和国,众所周知,有13个殖民地,每个殖民地几乎都自成王国,有独立的行政权、货币发行权以及发债权,并不一定听命中央。后来,开国元老(Founding Fathers)中有位汉密尔顿(Hamilton),他目睹乱象,提出"货币必须同体,不能各自为政":由联邦政府统一发行新的货币以及债务,新的债务只能用新币购买。如此,新币就可以回到联邦政府手中,联邦政府再用收回来的新币偿还债务,这就是所谓的"旋转门"计划。

这就有点类似于设立一个中央银行,但是不采用"中央银行"这个名称。美国理论上没有中央银行,因为早在联邦政府出现之前,商业银行就已出现并且已发行货币;后来,它们都转而由中央的"美联储"

（Federal Reserve）管制，由联邦储备基金管理会主持发行货币的工作。时至今日，美元纸币上仍然有汉密尔顿的头像。

当年的欧洲货币是以硬币为主；美元之后，完全反过来，变成以纸币为主，硬币反而是偶然出现的东西。纸币意味着背后要有准备金。美国本来是以工业、外汇以及与欧洲的贸易等渠道赚得的银币作为准备金——也就是"银本位"；在加州发现黄金以后，就改用黄金作为准备金——这就是"金本位"。"金本位"确定以后，美国因为占据大量的黄金而拥有特别的身份，成为世界货币体系中重要的一环。

上述的货币改革，对美国的意义在于，由于发行货币是政府拿货币给私家银行去发，私家银行要向政府买货币，发多发少，由政府视经济需求而定，这就起到了水龙头一样的调节功能，并不是说货币一旦出去就回不来了。这可说是美国经济能够灵活发展的一大关口。

## 二、证券交易所和商品交易所

第二个关口,是将货币本身作为基础,准许证券交易。证券交易很早就出现在英国、意大利,但其发展限于欧陆,规模较小。美国的证券交易制度虽然源自欧洲,却非常灵活地做到很大的规模:纽约的华尔街由此成为美国证券交易的"总战场";美国乃至全球的工商业,都可在此发行股票、公开招股,也因此,华尔街股票的波动,会引起全球金融的连锁反应。

不过,这一过程的完成,需要经纪商作为中介。这些经纪商与前述大财团有着千丝万缕的联系:他们一方面替客户管理财富,另外一方面则拿着这些财富在证券市场上交换。主要用来交易的中枢机构,有华尔街的证券交易所以及芝加哥的商品交易所。后者的出现,最初是因为中西部盛产农产品,有大量的麦子和大豆需要交易,发展到后来,各种商品都可在此交换。

有这两个中枢机构以后,货币、货品以及公司所持有的资本就得以畅通流转——如同一个大的水库,水库的存量和从前一样,只是每个单位都有了水门,开关之间,死水成为活水,流动起来了。如此一来,资金快速周转,使得同一份钱可以有很多用途,也就是所谓"物尽其用,货畅其流",利润就源源不断产生了。

## 三、保险业的兴起

今日美国的保险业,有人寿保险以及产业保险。但在最开始,保险业是因海运而诞生在欧洲。那时航海技术有限,从事远洋贸易发生意外的可能性非常大;当然,一旦平安归来,所获取的利润也是惊人的丰厚——一艘海船满载货物回来,成本和货品的最终售价可能是1∶3、1∶5乃至1∶10。而一旦遭遇台风等自然灾害,就有可能翻船,损失货物甚至血本无归。因此,没有人愿意承担全部的风险。为了保护自己的利益,同业之间彼此约定:海上行程中因自然灾害带来的损失,由受益方按利润比例分摊,或者共同分担——他们将其称为"共同海损",这就是保险的前身。随着时间的推移,"共同海损"渐渐不再由同行分摊,而是交由一个专门的公司负责,这就是保险公司。

美国的保险公司同样也是学自英国,并且很快在规模上超过了英国。一艘船从美洲出发,过大西洋到欧洲,或绕道印度洋进入印度,再由太平洋进入东方——以墨西哥的白银购买中国的货物,再将货物运回美洲,一次航行的利润可达百倍。当然,这条海路的运输,利润最高的是18世纪的鸦片贸易。商队从印度购买鸦片,运到中国贩卖,赚取巨额财富,再运送茶叶、布料和瓷器到美洲,牟取暴利。参与鸦片贸易者除了欧洲人之外,美国商人也占了很大的比例。平心而论,新英格兰的有钱人家,历史上有哪一家没有参与过鸦片买卖?今日的新英格兰地带,这些人家里都有中国的瓷器。美国就是这样,靠着自己拥有的金矿以及鸦片贸易攫取的财富开发工业。结果就是,中国穷了,美国富了。

从美国工商业发展的轨迹可见:大的财团一波波往内陆流,从东岸扩散到内地。从芝加哥延伸到西岸的加州和得州,沿途大城市的商业、工业、银行、财团,其来龙去脉清清楚楚。

## 四、美国资本主义的兼并

如前所述,美国在第三波工业潮过去以后,就迎来了服务业和信息业大发展,这就是第四波工业潮。娱乐、餐旅、球类赛事等都可算作服务业,银行本身也是服务业。这一波的工业发展势头强劲,赚钱极快。正是由此开始,美国资本主义出现了大量的兼并。

说到兼并,大工业发展时代也有兼并,但那时多是同业兼并:一家独大,垄断一个行业。相比之下,这一波工业潮出现的兼并,更是一种垂直的,产业上下游的兼并。在今天,这也是几乎所有大企业都在做的事。

比如餐旅业,到游乐区游玩,居住与饮食,处处都是利益——这两条线并成一条线,就可能是一个大财团的经营规模。当年希尔顿财团就是由此发展,后来吞并大的电视台、全国性的大报纸。再比如NBA等赛事产业，虽然没有很长时间的积累，但这条产业线同样可以延伸得很长：交通业、餐旅业、酒业、赌博业，以及种种纪念用品如衣服、旗帜等，后面又牵扯到建筑业——大的球场建筑、球场周边的建筑。此外，迪士尼和华纳电影公司也是一条产业链，上下游涉及剧本创作、影视制作、院线发行乃至设计和服装业等。自然而然，广告代言、品牌授权等产业也随之产生。

还有新兴互联网行业，从硅谷（Silicon）做起，兼并了电子工业、电子研究。这个产业一路跟随大学工学院、理学院的发展前进，进而承担了所有的计算工作、所有的大数据分析。互联网产业的发展，还导致一个结果：平面印刷、纸质媒体衰退——以上各种经营的范围和规模，也就跟随着科学技术的进展，而不断更新。

从上述产业的发展可见：这一时期的经济发展往往是一条大龙，一个点牵连出一条产业链。这就是美国发展出来的资本主义新阶段，其背后理论就是凯恩斯理论（Keynesian theory）——以货币为水库，以联邦储备委员会为水库的"总水喉",几个交易所做闸门和管道。一家公司经营到一定规模,只有股票上市才能公开募集资金,资金也由此灵活来去获取利润。这一过程,来来去去都是证券交易所里的几个大证券行推动——他们不是顾客,而是代表财团的操盘手。

　　曾经,人们以为市场是"看不见的手",能够根据供求关系调节资源。如今才发现,市场背后那双"真正的看不见的手",是财团的计算:这一大帮人,他们有最精密的计算,有最好的经济学家为他们服务。以我从事的高等教育行业为例:全美国有四十万名大学教员,教员们的退休基金是很大一笔钱,这笔钱都存放在一个"大库"——"大学教员退休基金会",他们每个月的收入就靠这个基金会分配。而这个基金会,就是用最精密的运算在市场中运作。

第七讲

# 城乡差距造成的阶级分化

　　这一讲，我们要谈的是美国的空间布局。人与空间的关系，我们可以理解为城市和乡村、城市和郊外，以及国家之内各个区域间的关系。就此而言，世界上从来没有如美国这般城乡关系规模如此庞大、内容如此复杂的情况。

　　在20世纪初期，美国只有纽约、波士顿和费城等有数的几个大城市，芝加哥的规模还相当小，西岸更谈不上。随着汽车工业的发展，个人的活动空间极度扩张，由此出现两种新的现象：一是城市与郊外的关系，二是城市之间的关系。

## 一、美国的城市布局

先讲城市与郊外之间的关系,以我居住的匹兹堡为例。在匹兹堡钢铁工业发展最强盛的时候,我如今所居住的第五街(Fifth Avenue)附近,几乎都是当年钢铁业高管们的豪宅。至于财主们自己的住宅,却是分布在许多名胜之处,或大城市最昂贵的地区,例如东岸纽约的曼哈顿、西岸洛杉矶的比弗利山庄等。匹兹堡曾经有很多任务厂,大的钢铁厂就有四五家,其中最大的一家是卡耐基钢铁公司,它是美国钢铁公司的前身,拥有几十家厂房。这几家钢铁厂,无一例外都和梅隆财团有投资关系。

这些高管居住的"中区",位于第五街和高地大道(Highland Avenue)相交的 L 形交叉线一带,市中心就成为他们的办事处。这两个地区由此成为匹兹堡财富最为集中的区域，也是决策中枢所在。不过，他们的工厂并不在城中，阿格勒尼河南岸沿河几十里路，是看不到边的大工厂，晚上半边天是红的，白天半边天是黑的。陆续有人在这条工厂线的外围居住，由此形成了第一期的市郊。工厂后面住着工人，工厂主、大老板们住在城里的核心区，中间地带是小职员和工程师，这就是第一种形态的分野。

但是，随着城市的发展，人们逐渐认识到，所有的格局都是圆的最好：于是围绕市中心四周，又形成一圈一圈的居住带；中间穿插着小的商业区，以及地区性的商店街——这就是近郊的开始。再往后，汽车发展到一定地步，短时间内开车去较远的地方成为可能。于是，人们离开烟囱，离开热闹的市郊，过想象中的田园生活。

从人和空间的关系看财富的分布，最为宽裕的阶层肯定在市内的若干小区，次之在市郊，再次者在近郊——最穷的反而住在市中心。市中心本身有两种阶层，一种是大公司、商店、银行以及车站的工作人员，另一种则来自服务业——他们通常做扫地、端盘子的工作，住的是拥挤逼仄的小房子，每个城里也因此形成穷人聚集的贫民窟。当然，也有一些不太穷的特定区域，比如意大利人聚集的地方，他们的组织叫黑手党，俨然"另一个世界"。华人聚集的地方，通常被称为"唐人街"。

## 二、城市带的出现

随着公路线的发展,尤其"二战"以后,艾森豪威尔(1890—1969)做总统的时候,开始建设全国性的高速公路网,并演化成了收费公路(Turnpikes)。"Turnpike"这个名词是从英国学来的,其要义就是需要支付"买路钱"——如此行为,本是古代社会封建主做的事情。到了现代社会,国家耗资费力修如此规模的公路,也效法此类做法,设闸门以为关卡,过关则需付钱。慢慢地,收到一定程度,有了更新、更高级的公路出现,那些比较旧的二等公路就免费开放了。

贯通全国的公路网出现,直接带来了空间的变化。就以小城市而言,其"郊外"涵盖的范围不再只是传统的"市郊",还包括更远的地方——那些星散的小农村由此被吸收进大城市的圈内,形成一个"大都会"

（Metropolitan）。一个中心城市作为核心支撑，四周围绕着一批"卫星城市"。美国东岸就有非常密集的铁路网、公路网和航空线，再加上波士顿到华盛顿（Washington DC）这一条黄金路线，于是大都市连成一片。

在美国，纽约被称为"Great New York"，这是因为它兼并了周围的五座城市，形成一个拥有两千八百万人口的城市——如此规模，只能称其为"超级大都会"（Megapolitan）。相比之下，波士顿就小多了，但是它延伸的面很长，是一条窄长带。华盛顿则是呈放射形，吃掉了周边无数的小城镇。纽约、波士顿、华盛顿以及费城，这四个"大都会"形成一个大的区域，居住的人口有六千多万——也就是说，美国总人口的1/5左右都在这一区域生活。

第二个大的区域，以芝加哥为中心；第三个大区域，则是以旧金山（San Francisco）为起点往北延伸，跨进俄勒冈州（Oregon），往南直到洛杉矶（Los Angeles）。得克萨斯州地广人稀，都市大得一塌糊涂，但人口不算多——因此有人开玩笑说，得克萨斯房子里的洗澡缸大如游泳池。

我居住的匹兹堡,在美国是个二等城市,但其笼罩的范围很大:UPMC(匹兹堡大学附属医院)以及两个飞机场服务的范围,铁路线、公路线所及之处,就是匹兹堡的生活圈,这里有四百万人口。

还有一种城市带较为特殊。北卡罗来纳州中部有三个城市,分别是达勒姆(Durham,其实真正的发音应是"杜罕")、罗利(Raleigh)和教堂山(Chapel Hill)。这三个城市之间有一片"三角带",每个角上都有一所大学:达勒姆市的杜克大学,罗利市的北卡罗来纳州立大学,以及教堂山市的北卡罗来纳大学。以这三所大学为支撑,形成一个"三角带",公路边上都是商店、购物中心,还有厂房和办公室,实质上已经是一种城市的形态。

全美国的总人口之中,有差不多1/3居住在大都会或者超级大都会区,这是大空间的布局。全美最大的城市有三分之一分布在东北岸和西岸。中等城市也在东岸内地、西岸沿边,以及最南的海岸线上。整个形式是"外挤内空"式,非常不平衡。与此同时,美国中部则是空荡荡的,人烟稀少。

## 三、城市中心的分化

如今,美国许多大城市的市中心正在衰败:大公司逐渐搬离,剩下的不外是一般的餐饮业、酒店业、大体育场馆以及大赌场。城市最底层的一批人不住在市郊,而是在离城市中心繁华地带不远的边缘地区。

以芝加哥为例,市中心从第三十五街到第四十街、第四十二街一带就居住了十几万穷困人口,主要以黑人为主。那里治安极差,路过的人宁可开车绕远走高架桥,或者乘坐地铁,也绝不取道中间——这片区域堪称"战场",非裔居民之间互抢地盘的枪战时有发生。匹兹堡的东区(East Liberty),曾经是宾州仅次于费城和匹兹堡市中心的繁华区。后来,随着企业倒闭、撤离,居民外迁,变成非裔居民聚集的地方。那里曾有五栋高楼大厦(High-rise),其中的居民互不信任,甚至彼此偷盗。直到这五栋楼被谷歌拆掉,建设成谷歌在匹兹堡的办公室。于是,这些受害者就搬到威尔金斯堡镇(Wilkinsburg),这片区域就变成"鬼城"。

如今,华盛顿的富人都住在市郊,市中心的总统府和贫民窟并存。美国国会大楼以及总统府周围,临街就是流浪者收容所,晚上走进去很危险:最光鲜与最暗黑并存,最上层与最下层都住在城中:美国的城市,就是如此怪异而矛盾的格局。

匹兹堡周围有若干卫星市镇,卫星市镇和中心城市之间往往有广阔的郊区或森林带。东边到门罗威尔市(Monroeville)近郊,是当年的西屋电气(Westinghouse)等公司的工程师住的地方。这些安置老工人的区域,就是民主党的"票仓"。这些人有自尊心,有自己的亲友社交网,但很难升到上层——实际上,中等阶层以下的居民,随时可能沦入下层。

美国社会的中下层,有大量西班牙语裔人群,他们可能是医院里的服务人员,或者街上大小商铺的工作人员,旅馆里打扫房间的清洁工,定期上门打扫卫生的家庭保洁……这类人居住在城市中的后街、后巷，空间狭窄、环境很差。纽约最宽阔的公园街（Park Avenue），不远处就是穷苦人家的聚居地；那些小街小巷的房间，常常住着七八个人，房间里甚至没有床、没有家具，大家席地而卧——并且是轮班睡，上夜班的白天睡，上白班的夜间睡。

美国贫富差异的现象，是天下最不公平的情况。不同阶层的人，不仅在生活方式上有天渊之隔；更显著呈现于投票选举公职人员时，选择的偏差。中等阶层的投票分成两种，管理人员、工程师投共和党，研究人员、学校投民主党。贫穷人家有一批中老年以上，他们过去属于工人阶级，支持工会——也就是民主党；现在老了，他们有些因为基督教信仰的缘故，对于自由取向浓重的民主党，竟产生反感，于是，这些人的选票，居然成为共和党的基本票源。同样，非裔的选票通常是在南部的投给共和党，中北部的投给民主党（因为南部非裔公民还记得内战时共和党主张废奴；而到了今天，北部的非裔选民是民主党的铁杆，因为民主党主张对贫穷人士补贴生活费用，也支持他们的公民权利）。

最近匹兹堡补选一位国会议员，旁边四个县（County），加上阿勒格尼县（Allegheny），共有五个县，其中四个县共和党的红票，阿勒格尼县则是民主党的蓝票，民主党得三十万票，差了有七百票，结果民主党赢了。

## 四、各区域的不均衡发展

如此情况,表明了美国的畸形发展。从空间分布上看,美国中部是大块空地——从芝加哥一路向南行驶,大概两个小时以后基本上都是空旷的荒野,直到达拉斯才有人。沿着落基山自东往西到密西西比河边,也是大片的空地。东西沿海的两岸,各有两个密集的城市带。所以,美国实际上是分成了五个"国":"北国"穷而空旷,直到最近才被逐渐开发;"西国"是从西雅图到洛杉矶;"东国"大概涵盖东北角一带的纽约、波士顿、华盛顿这几个"超级都会圈";"南国"我们称其为"深南"(Deep South),是以黑人及保守的白人为主的农业地带;至于"中央国",则是一片旷野。最近有人讨论美国可能的分裂问题,也是基于上述构想。

美国的全称为"美利坚合众国"(United States of

America），基于以上种种原因，这个国家实质上应该名为"美利坚分裂国"（Divided States of America）。这种分裂，不但是空间上的，而且存在城区、城乡之间关系的分裂——还包括红、蓝两党政治上的分裂，乃至城里面两条街之间也存在分裂，这是极其不健全的现象。

第八讲

# 美式民主政治制度的另一面

　　这一讲，是关于美国政治制度及其具体的运作。政治制度是因应时势所做的条文规定，而实际的政治运作则往往已经根据当前的现状，形成若干调整乃至偏差。自1776年美利坚合众国成立，写在纸上的制度便描述着美好的理想，讲这个国家之所以建立，是上帝为了让每个人拥有共同的福祉和幸福，享有平等和自由。但现实的情形是，永远有人比你更自由，比你更平等。

## 一、美国的政治制度和投票选举制度

如前所述,美国本身的阶层化,其实相当明显且严重。所谓政治,就是被最上层操纵的工具:最大的政客及其背后的金融财团,是操纵政治的主人;下面的小政客乃至普通选民,则是被操纵的工具。究其原因,这个国家的制度本身从最初设计时起,就有其"紧张性"。美国的制度承袭自英国,英国是内阁制,虽然也号称是英格兰、苏格兰、威尔士、北爱尔兰几个单位组合而成,但在此之上有个国王。美国最开始则是十三个州联合组成一个国家——每个州理论上是一个小国家,"State"这个单词便是"国"的意思。比如宾夕法尼亚州,它的名称不叫"Pennsylvania State",我们叫它"Commonwealth of Pennsylvania"——"Commonwealth"有"共和国"的意思。最初的十三个独立单位共同组成国家；其中还有众议院、参议院的彼此平衡，以及司法、行政、立法的三权分立。

立法权，是代表人民；行政权，是代表公权力——美国总统是兼有皇帝与首相的权力，但是总统必须听立法院的话——立法院有权力决定是否通过总统的预算，总统内阁阁员的核准则需要经由参议院同意；司法权并非指普通老百姓的诉讼，而是大法官根据宪法，在立法权和行政权之间裁判，彼此是否有适当的平衡。

代表顶层设计的联邦政府与地方之间也有"紧张性"。在美国，每个州都有相当大的自主权。理论上，某个州如果有超过一定人数投票表决脱离联邦，那么这个州是有权独立的。最典型的例子就是南北战争：发生在 19 世纪中叶的那场内战，南方各州竟脱离联邦，自组政府。那次内战的结果，众所周知，是主张废奴的一方获得胜利。然而，至今将近两百年了，制度上非裔公民不再是奴隶；实质上，黑白之间的差异，终究是这个国家无法躲避的原罪。

在各州的设计里，每个州有固定的两名参议员，有按照人口比例选举的众议员——每六七十万人之中产生一名众议员。每一州按照各选举区选出的众议员，加上本州共同选出的参议员二人，组成本州的选举人团，参与总统选举的投票。选举人团的投票制度，按照"赢者通吃"（Winner Takes All）的原则：总统候选人只要获得一个州过半的民众票数，就能获得此州所有的选举人票；谁先获得超过选举人团半数的选票，谁就在大选中获胜。

有人会说：按照这种制度，大州在大选中是不是更有优势？实际上，如果按照人均票数而言，反而是小州选民的选票"更值钱"。因为各州参议员的数量和人口数量无关，都是两名：比如一百万人口的罗得岛州（Rhode Island），有两名众议员、两名参议员，总共四票；拥有一千九百万人口的纽约州也是两名参议员，但是有三十一名众议员，总共三十三票。因此，常常会发生的情形是：普选票数高的总统候选人，最后却落选。比如，当年希拉里的普通民众选票比特朗普的多，却输在选举人票数上。这是否公平？但州权独立，这是宪法的规定——制度如此，是为了保护小州作为独立州的权益。

## 二、美国选举制度的猫腻

美国的两党都有一个初选会,相当于各党的全国大会,投票者基本是各党的活跃分子和干部——这些人关起门来就商定了结果,与老百姓无关。后来才慢慢改成了投票制,以此选出他们的党代表;党代表再通过投票,选出各自党派的候选人。

尽管看似公平,这中间有许多操作的余地。1960年大选,民主党内候选人在肯尼迪和史蒂文森(Adlai Ewing Stevenson Ⅱ)之间产生。当时,我们一致看好史蒂文森:他辩才无碍,有学问和操守。但是,他背后没有财团的支持,最终被肯尼迪铺天盖地的广告打败——这就是靠商业资本在背后运作媒体,借此操纵民意的手段。

当年,肯尼迪赢得民主党候选人资格后,参加预选会时，我正在西雅图开会，亲眼见到他通过作弊赢得大选。肯尼迪身世显赫，出身"波士顿婆罗门"；与其竞争总统的尼克松，则是芝加哥的穷小子出身——最终，贫寒子弟敌不过富家公子及其背后的财团力量。竞选时，肯尼迪雇用纽约的广告商包办了全国的助选工作——承包电视台、无线电台以及报纸版面，这也是美国政治史上第一次使用商业广告影响选举。肯尼迪就是用这样的办法包装自己的形象，最终获胜当选总统。

那次大选，我恰在投票时返回芝加哥，因此很清楚过程中的种种问题。肯尼迪是爱尔兰人后裔，那时芝加哥的警察都是爱尔兰人，市长戴利（Richard J. Daley）也是爱尔兰人。我在美国生活六十多年，戴利做芝加哥市长四十五年。直到今日，戴利家族仍把持着芝加哥市长的位置——这已经是第三次。戴利是出了名的作弊老手，擅用各种看似合法的手段在选举中获利：他通过改造投票计数器，或者将死人、活人的票加在一起算，假票、真票一起算等手段，操纵选举结果。如此手段之下，肯尼迪在芝加哥投票中胜过尼克松，最终以微弱的优势赢得了伊利诺伊（芝加哥所在州）的选举人票，并在之后一举赢了全国选票。这是我观察美国上层政治运作最透彻的一次。

## 三、掌握权力的大家族们

肯尼迪胜选以后,如此运作成为常态。也是从那时起,全美大小城市的报纸逐渐归并成五家报业集团,直到最近合并为两家。匹兹堡原有三家报业集团,如今已仅剩一家。报纸本该各有立场,代表两党的对抗,现在都被金融资本合并了。所以,整个美国的政治竞选,是由财团有计划运作的。

希拉里和特朗普二人背后都有大财团拥护。这些大财团的立场,已经超过民主党与共和党的界限,而是作为一种政治献金,为了谋取私利。比如,过去助选捐款金(PAC)都有上限:我在芝加哥大学读博士时,不管以个人、公司还是行会的名义,都不许超过五千块。因此,基本上是需要两党自身出资支持自己的候选人。但是现在,候选个人的捐款数额没有限制。

2016年大选的决战,两党候选人背后动员的资金,几乎相当于全国大财团的1/3——也就是说,全国财富的1/3分成两半,用以支持这两个人。

因此,我们可以讲:资本已经腐蚀了这个国家。奥巴马是穷小子出身,克林顿也是穷小子,但不妨碍他们在竞选时一个半小时的讲演花费五十万美元到一百万美元,你还无法审查它。

大法官是终身职业,除非生病退休,不会出现空缺。共和党运气好,近年来大法官出现空缺,多是在共和党当政期间。只有一次奥巴马任内出了缺,也硬是被参议院利用投票卡住,拖到共和党手上再行补选。经由如此手段,共和党占据大法官一职多数席位达四十年之久。这期间,凡共和党与民主党发生纠纷,大法官一定判共和党赢。当然,在历史上,也有过民主党长期占有大法官多数席位的时候。

国会、众议院和参议院选票,尤其当两党选票相当接近时,最后的决定是要靠两党联席会议做最终的选择。中期选举时掌权的一党,当然对整个过程有部分操纵的优势。因此所谓"代表人民",实际上是代表财富、代表既有势力。这就是为何会出现特朗普当选这种现象,我们却无法予以纠正。

如此游戏规则,是持自由主义立场的人不愿看到的——两党都一样,是一丘之貉,他们的决策都是以其背后财团的需要为依据。以遗产税为例,2000年之前,美国的遗产税相当高,最高税率曾达77%。如此情况下,难得见到富人会将财产留给后代的个人,而是借由信托基金等方式持续经营。2001年小布什上台后,将遗产税税率一步步减到45%,豁免额提升到五百万美金——这就是在帮助富人减税。

再比如垄断与兼并,罗斯福(人称"老罗斯福")总统时代有所谓《反托拉斯法》:限制兼并,打击垄断,凡涉及垄断的公司一律拆分。因此,今天美国才会存在好几家电话公司、能源公司、石油公司,都是如此拆分出来的。但这个规矩,后来又被共和党亲手废掉。总体而言,共和党对大企业的态度始终是比较袒护的。

如此制度之下,所谓政治,就变成了按照私人意志、资本力量而非能力高低来用人,这也是从肯尼迪开始的坏例子。美国社会中，肯尼迪家族力量之大，几乎可说一手遮天。以至于某位知名经济学家说：此生愿做肯尼迪夫人杰奎琳裙边上的小狗。

## 四、夺走人民权利的组织

如前所述,美国每座城都有富人以及掌权者活动的俱乐部。经由这些俱乐部,权势阶层影响着城中的大小决策,就连市长都需要向他们请示。所谓"特朗普现象",就是在这种属于富人的"闭环政治游戏"中产生的,特朗普只是"最后一根稻草",前面一路败坏已经存在很多年。

美国议会有下设一级的委员会,例如,财务委员会、军事委员会、国防委员会、交通委员会等等,基本上一个部有一个委员会,有若干专门的众议员参加委员会的决策。委员会的结论,经议会全体辩论和表决后形成决议,因此作用非常大,是"行动中的议会"。只是,这种设计在现实中慢慢走样,出现许多跨委员会的机构——以致今日美国,国会竟有一百多个委员会存在。这些参与各个委员会的众议员，内外关系错综复杂，往往经由彼此妥协、配合等方式，借由投票，彼此交换利益。

如此一来，许多事关国计民生的政令，表面上经由投票产生，实际上是直接听从背后权势阶层的指令，老百姓失去了参与政治的权利。上层政治如此，各州政府、市政府的议员或行政官员之间，也是互相勾结，公器私用。

除此之外，议员的议案还存在"夹带现象"：每一个合法通过的法案下，通常都有几十个到一百多个夹带的提案。有钱有势者可以贿赂议员，使其将对自己有利的条款纳入其中——比如，让非法移民很方便地得到永久居留权，或赦免某某轻罪的犯人等。

因为以上种种组织、金钱和势力与现实政治进行的不法勾结，议员常常成为某一势力的"代言人"。每一个议员除非犯大错，否则都能干几十年——上去时也许还是默默无闻，退休时都摇身一变成为富翁。这样的游戏规则，从县市里的小议员乃至政治掮客开始，无孔不入。比如，华盛顿附近有五万家登记在案的游说公司（Lobbying Companies），他们可以合法地向中央部会提出法案，可以合法地游说议员支持某一特定法案。美国原本理想主义的政治制度，就是这样垮下来的。

第九讲

# 新教伦理与美国精神的衰落

这一讲,我们讲讲美国人的心态,以及他们做人做事的原则。

# 一、从开国到内战

美国开国之初的精神,是基督教的清教精神。此后经过西进运动,移民们一步步开拓出新世界,于荒地中重建生活,形成一种新的群体性精神。美国历史学家弗雷德里克·J.特纳(Fredrick J. Turner)就曾经声言:美国精神是开拓者的精神,是积极冒险的精神。

但在开国的时候,《独立宣言》和宪法的要义,都是主张人权的自由、平等以及人类的福祉,也就是以法国大革命为蓝本的自由、平等、博爱。这一理想并未真正落实,开国群贤只是依据基督教新教的精神,对此发挥和阐释。

例如,什么是自由?公民们认为自己纳了税,却无选举权,是被剥削的、没有自由的,因此他们要反抗英王;公民之所以选择离开英国,同样也是因其不愿意被如此统治，剥夺人身自由。实际上，就是通过反抗君权实现自己的人身自由。这种将自由等同于"不受管束""没有权威约束"的理解并不准确。

至于平等和博爱，公民也以同样的逻辑加以理解。就平等而言，公民认为自己是贵族领主底下的被统治者，所以没有得到平等。博爱的原词是"Fraternity"，将之译成中文的"博爱"其实并不准确，这个词字面的理解就是"兄弟之情"——它要表达的是，封君不拿这些公民当自己人看，不拿他们当自己的兄弟，因此要反抗。宾夕法尼亚州的首府费城（Philadelphia），就是"友爱之城"，新教贵格会要实践人和人之间的爱，也就是"博爱"。

总之，法国大革命中，自由、平等、博爱这三个词，都是表达封建制度之下被统治者和统治者之间不公平的关系。所以，在美国宪法里面也就没有办法落实。

等到美国内战开始，林肯宣称的口号是解放黑奴，实现种族平等。但真正执行时，有些人还是不能得到平等的待遇：妇女没有投票权，穷人没有投票权——只有"拥有财产"的人才有投票权，那时所说的"拥有财产"是指五块银币,约等于今天的1000美元,数目并不大,可是很多人连这点钱都没有。

因此,这几个说法都没有得到具体的落实。

## 二、罗斯福新政的社会福利制度

美国社会在工业发展以后,工人的待遇并不高,黑人也只是号称"解放",其社会地位并未得到真正改善。到了20世纪30年代经济大恐慌时期,很多人一贫如洗,没办法过日子;还有许多失败的人,破产以后跳楼自杀。

这就使得罗斯福总统(美国第32任总统,也被称为"小罗斯福")非常感慨,他说:我们的政治理想是社会达尔文主义的进步——当然,这里的"社会达尔文主义"是从"达尔文主义"转换出来的。因此,美国出现过一个政党名为"进步党"——这个政党直到今天还存在,但没有力量。

美国历史上曾经也有两个党:一个是自由党(又叫自由共和党),还有一个是联邦党。自由共和党的意思，就是要争取共和体制下地方政府、州政府的自由共和权，而不是任由中央政府、联邦政府统治。后来的民主党和共和党中，共和党是从自由共和党演化而来，民主党则是从进步党的精神中转化的自由主义者。

罗斯福是自由主义和进步主义的代表，他主张美国应该依据立国的宪法精神、自由主义传统进行改革，因此他要推行"新政"。新政的要义，就是社会福利国家：同情穷人、同情工人、同情弱者，认为福利是联邦的责任，要救济贫寒，帮助弱者。所以罗斯福时期，国家开始推行大规模的社会福利政策：救济弱势群体的同时，推行"以工代赈"，吸纳失业者从事公共工程建设，比如道路建筑、水土保护、修筑水坝、植树造林、开辟森林防火线等，由此增加就业，维护失业者的自尊与自立；进而刺激消费，稳定社会经济。

今天我们所说的福利金制度（Social Welfare）以及工会运动，也都兴起于此时。工会运动的实质，是工人阶级联合起来，向工商业主争取福利——以和平协商的方式，要求设置最低工资标准、改善工资待遇、改善工作环境、限定工作时长、限定工人年龄……一言以蔽之,就是落实"平等"二字。

"自由"是个人能发挥自己的意志;"平等"是人与人之间的社会地位,不因身份而有差异;再加上"博爱",被认作小区内的彼此关怀。这三个口号才具体落实为社会公益,而有了生活方面的意义。在那时候,有不少的社会团体照顾人际的关系,诸如商会、工会等;也在生活上注意人与人之间相处时的彼此尊重。而在政治上,每一个人的参政权是完全平等的:这种理想固然崇高,在美国社会被当作经典;实际上,到今天还并未完全、具体地实现。

# 三、"四大自由"与《大西洋宪章》

"二战"最惨烈的阶段，日本在中国陷入长期的持久战；欧洲大陆的情势也非常紧张，希特勒宣布要在欧洲建立"新秩序"。等到德国打到英国人的家门口时，美国决定出手营救。1941年，罗斯福在国会大厦发表演讲，提出"四大自由"：人要有免于恐惧的自由、免于饥馑的自由，还要有信仰自由以及言论自由。1941年8月13日，罗斯福总统与英国首相丘吉尔在此基础上发布了《大西洋宪章》(*The Atlantic Charter*，又称《丘吉尔－罗斯福联合宣言》)。这份文件总共八条，约定了两国对外政策的一些纲领性原则，包括承诺不谋求对外扩张、反对侵略、尊重各国主权等。其中第六条涉及一致反对德国纳粹，及战后和平重建："在纳粹暴政被最终消灭之后，他们希望重建和平，使所有国家能够在其境内安然自存,并保障所有地方的所有人在免于恐惧和不虞匮乏的自由中,安度他们的一生。"

罗斯福总统提出的"四大自由"及此后的《大西洋宪章》,就是在具体落实人所需要的东西。它深刻地影响了世界的发展,是美国历史上最重要的思想之一。这"四大自由",是针对当时世界的专制极权制度明确指出,这四项基本的人权在任何政治制度下,都应当落实。这一宣言是在人类彼此厮杀,死者达数百万时提出的;现在战争终了,痛定思痛。这二位战争中反极权、反专制的领袖,才决定要将上述理念诚挚地提出,纪念战争中的牺牲者,认真地肯定人间应有的价值观。

## 四、"二战"后的经济复兴

"二战"以后的美国社会出现了"婴儿潮"(Baby Boom)。这些孩子的父母刚刚经历过战争,随即开始对战争进行反省。反省的精神,一部分就表现于战后的人道救援——他们帮助欧洲复兴,也帮助曾经在战争中受难的中国。战后有一个中美联合的"农复会",由救济总署负责安排物资:满街都是美国军人用的东西,比如战时用的一种配料包,我们特别喜欢:其中有一块巧克力、几块蛋糕、一条小沙丁鱼,或者火腿、鸡蛋、奶粉——当时的奶粉,就是一盒一盒的了。

这种人道主义精神贯穿了战后整整十年的时间。到20世纪60年代肯尼迪当政,美国还有"和平军"(Peace Corps),以及青年志愿义工团,救援贫穷国家,解决其困难;美国人还在参与志愿服务,去需要救助的国家做护士、老师等。

从20世纪50年代末期，直至肯尼迪遇刺，美国民众开始警觉到一件事：自己国内存在的诸多问题急需面对和解决。1957年我刚到美国时，发生了"小石城事件"（Little Rock Crisis），就黑人上学的问题吵得天翻地覆。由此开始，有一个重要的关口：他们觉得宪法里面讲的一切并未真正落实，黑人要求解放，民权运动开始兴起，诞生了马丁·路德·金（Martin Luther King, Jr）这样的群众运动领袖。与此同时，当时的美国社会也开始讨论对外援助是否合理的问题——人们纷纷质疑：国内的问题都没解决好，又怎能救援其他的国家？

由此可见，20世纪60年代的美国，一方面有积极的自由精神——人们要反抗，要争取平等的权益；而消极的一面就是，回头再看这一段历史，我们发现"美国精神"也有其伪善的一面。甚至于现在，应当已经完全消除人与人之间的歧见和不公，但论其实际，人间的不平照旧处处可见。否则，人们也不会到今天还在讨论，常春藤学校是如何隐藏性地歧视弱者和非白人。

第十讲

# 撕裂的美国与未完成的资本主义

"二战"后的美国,因为经济复苏,进入一段长期的繁荣期。与此同时,宗教的影响力日渐减弱,社会普遍崇尚消费主义。后来,年轻人又向东方以及其他文化寻找安顿精神的资源,以此作为对消费主义的"反动"。

# 一、消费主义与"垮掉的一代"

在我到达美国时,民间还普遍可见清教徒的生活方式;也普遍可见人与人之间有一定的彼此尊重。数十年至今,这种不言而喻的自我约束,也就是所谓清教徒的操守,渐渐已经在实际生活中淡化。人们开始追逐沉迷于物质:要买大房子,要穿名牌的衣服,要买好的汽车……

而当时有些年轻人,就反对这种潮流,认为这是虚荣和无谓的消费——我为何要赚钱?我为何要谋取地位?在这个社会打拼、拼命赚钱,不过是在资本主义的大机器里被剥削。既然如此,不如回归自然,内修自省——物质上能满足基本生活需求就够了,重要的是内心的平静。

这就是20世纪60年代开始,一场年轻人的"文化革命"——这是真正的"文化革命",这些年轻人否定那些世俗的需求,"自己革自己的命"——这是我的孩子乐鹏他们这一代人所追求的。

这一代人向东方,甚至印第安文化,寻求新的思想资源。他们美化印第安人,认为这一群体是与大自然在一起的。因为印第安人除了种田、打猎以外,没有其他生产方式。就"回归自然"而言:印第安人的巫术信仰是自然崇拜,通过崇拜自然而亲近自然;印度则是经由冥想(Meditation)达到某种精神境界。此外,在美国人看来,中国的道家也是从印度的佛教哲学中出来,主张向内看,寻找内心的平静。

和时代的潮流相呼应,这一时期美国的文学,也回溯到18世纪的田园文学,比如惠特曼的诗歌。还有民间音乐,所谓乡村音乐,就是复活了阿巴拉契亚山脉里的民间歌曲。这些音乐反映了美国资本主义制度下,中产阶级的典范性的生活——他们做着规律性的工作,都是一样的模式,穿一样的衣服,说这样那样的话。

这股风潮之中,还产生了广为人知的一个文学流派，这就是"垮掉的一代"（Beat Generation）。他们蔑视社会秩序，反对陈规陋习，不修边幅、放荡不羁，也拒绝承担社会义务及家庭责任，寻求个人的自由和快乐。其中代表性的文学作品有凯鲁亚克（Jack Kerouac）的《在路上》（*On the Road*）、《达摩流浪者》（*The Dharma Bums*），金斯堡（Allen Ginsberg）的长诗《嚎叫》（*Howl*）以及加里·斯奈德（Gary Snyder）的《砌石与寒山诗》（*Riprap and Cold Mountain Poems*）等。

海明威的小说《老人与海》写于1951年，1958年被拍摄为同名电影。其中着重刻画了人与自然之间的搏斗，但人是在克服自然，在自然之中求得生存，终究不是在征服自然。这也反映了这一时期整体的社会思潮。2012年李安的电影《少年派的奇幻漂流》（*Life of Pi*）轰动一时，其实是数十年后，《老人与海》的"回音"。

这一反叛运动，持续到20世纪80年代才逐渐消失。此时，时代风尚又为之一变：从70年代的崇尚简单，重新变为追寻资本主义所推崇的舒适和繁华。电影业重新繁荣，爵士乐似乎还是从前的"Jazz"，但是乡村音乐慢慢变质，歌手们一个个都发了大财。这就有些讽刺了：这些人口中唱的是"反对浮华"，其生活本身却是浮华与虚无。

## 二、自由主义的分裂

　　自由主义精神一直都在,不过渐次分裂为两半:一半是"互助派",认为人与人要重新建立连接,不能孤立,只有连接才能互助;另一半则是"独立派",觉得人应该管好自己的事情,不给他人添麻烦,也不愿过多介入他人或公共事务。因此,青年会(YMCA)、救世军(Salvation Army)这类组织都失去了力量。

　　时至今日,每个人都自求多福。然而,人与人之间本当相濡以沫、互相尊重。我儿子这一代曾经的"反叛者",大多已经年过五十,仍坚持年轻时立场的人越来越少。但是反叛者永远会有,持久不退:他们向写实艺术反抗,转入现代性的艺术,走毕加索这条路,再从毕加索慢慢转变成立体主义,如此等等。比如我儿子的摄影,内容都是最微小、最家常的东西——他希望观看者能注意到最平凡的事物，注意到"真实的生活"（Real Life）。

宗教方面，我亲眼看见芝加哥出现许多新的教派。刚起步时充满理想主义色彩：他们反对原有的教派及其领袖，只因看到这些领袖像君王一样高高在上，慢慢腐蚀教会，让信众承受不公平的待遇。因此他们说，"我们不要组织教派"。但是，"不组织教派"本身就是一种"教派化"。等这些反对者有了群众基础，掌握话语权以后，他们也就随之转变为曾经的反对者，令追随者屡次失望。如此循环中，"独立派"发展得越来越大，自由主义就变成个人主义。所以，如何重新建立互帮互助的社会关系，是一个大的时代课题。

如今美国的自由主义者，对政党政治有失落感——至少是对民主党和共和党都不满意，于是他们就部分地选择疏离政治。年轻的这一代，有很多持"独立主义"，他们大多从事自由职业。今天的美国社会，重建关怀（Re-Engaging）的观念很普遍，因为持有如此观念者，一不小心就掉到社会的大机器里面；如果不肯做小螺丝，就只能变成驱赶别人的工具，这个矛盾一直存在。

于是，人间就有三种人：一派是掌权者，仗势力欺压人，借种种好的名头，用他的机器来剥削、来掠夺、来欺压；一派是持有重建关怀理念的反对者，就自己去赚钱；还有一派，"自我孤立"——自由主义的极端，就变成个人主义。如此，则人间可以既无反叛者，也无朋友，人间竟是一盘散沙。

至于工会，本该是工人之间互帮互助的组织，却有人以工会的名义享受、掠夺、剥削，成为与老板偷偷合作的"工棍"，工会活动也因此垮掉。当然，工会不乏成功者：他们为工人争取到高工资、高福利和较低工时。但是，等到美国的产品在国际上竞争力下降，累及其自身时，工人就反过来责备工会：美国制造业失去国际竞争力，产业外移、工人失业，都是工会拉高了商品成本所致。这时候，他们居然忘了：是工人自己要求工会帮他们提高工资和各项待遇的。最保守的一批特朗普的拥护者，正是这些人，愤怒的退休者，或失业劳工。

如此，就回归到"美国梦"的讨论。特朗普正在谋求二次竞选总统，其支持者自称"MAGA"：Make

America Great Again。其实特朗普那句口号"Keep American Great",全然就是他们自己的想法,他们认为美国曾经辉煌,长期保持的世界领袖地位正在被挑战,所以要"回归美国的伟大"。但其实,所谓"回归美国的伟大",只是自我麻醉罢了。

时至今日,可以说美国的内在精神完全失落。80%的人是靠着庞大的社会机器向前走,想跨越阶层很难——平民人家的子弟,爬到中段就会掉下来,因为他们后面没有家族势力的支撑,不可能进入社会上层。因此,到了人生过半或退休以前,这些人便会遭遇长达数十年的苦闷和烦恼,很多人吃麻醉药,家庭因此破裂,一个个变得邋邋遢遢。

## 三、分散的美国

综上所述,诸位不难发现,今日美国在文化部分有思想的混乱和空洞,还存在不同形式的失望和失落,这是一个很严重的问题。我前面讲分裂的美国、分裂的联邦,其实已经不仅仅是"分裂",我觉得应该称之为"分散"。

2013年,美国记者乔治·帕克(George Packer)书写美国当下境况的著作 *The Unwinding: An Inner History of the New America* 获得"美国国家图书奖",一时洛阳纸贵。他笔下的美国,乃是"二战"以后"新美国"的盛衰:一方面美国迅速发展成为全球政治、军事、经济霸主,经济繁荣、社会富足;另一方面,随着数字化与自动化的产业升级,以及全球布局的产业转移,原本居于美国社会中坚的蓝领阶层,少数人跃升至中间阶层,绝大多数旧日蓝领劳工不幸失业,沦入社会底层。2021年,这本书在中国出版,名为《下沉年代》,所引起的讨论甚为热烈。

写作这本书的过程中,作者对不同职业、阶层、种族的人群进行了大量采访,他得出的整体印象是:今日的美国正在解体。英文书名中"Unwinding"一词有"松解"的意思——也就是说,美国这个社会"螺丝松了",需要紧一紧;但其实,没人有能力重新拧紧这个螺丝。在最后他总结:保守主义者哀叹,昔日可以依靠的团体、机构如工会、教会以及从事各种社会服务的机构纷纷解体;自由主义者虽然几乎完全争取到个人的自主权,却也分别孤立,人人成为游荡的"孤狼",无所归属。

位于匹兹堡市中心的美钢联总部大楼,这座建筑有十三个角,为什么会有如此设计?因为美钢联有十二个副总裁,加上总裁本人,每人都要求有靠边的大窗户。"美钢联"的全称是美国钢铁工人联合会,这是北美最大的工会组织;这一组织创设的初衷,是为工人争取权利、谋取福利——也得到工人阶层的大力支持,方才有足够的资金建立如此规模的总部大楼。然而,这一机构的管理阶层,居然能如此公然谋取私利而毫不遮掩。也就可以想见:当年卡耐基等先辈创建的如此宏大的钢铁产业,为何在几十年间迅速溃散。

《纽约时报》曾有一篇文章分析美国当前的社会:有一部分人是所谓"跟风者",还有一部分人是独立的"反叛者"。其实,这篇文章只看见"两端",而没看见"中间部分"。时至今日,依然有人在试图弥合溃散的社会,重新建立人与人之间的关系。

我讲的这些现象,读美国历史、研究美国社会的人,很少关注到。哪怕是来美国留学读到博士者,大多也是在读书、上学,并没有实际的生活体验。

许多人信奉所谓"普世价值",其实这是掌权者宣称的口号而已,并没有恒定不变、适合所有人和地区的"普世价值"。我有位已故老友,是以色列社会学家艾森斯塔德(S. N. Eisenstadt)。20 世纪 80 年代,我们曾经组织一系列有关"全球化"的讨论会,许多来自不同国家、不同文化背景的学者参与其中。最后我们得出的一致想法是：我们主张世界文化要有很多形式，很多值得思考、实施的理想并存；我们也倡导，应该允许不同的政治制度、生活方式，乃至不同方向的探索、选择同时存在——"多种形式"（Many modalities）、"多种乌托邦"（Many Utopia）和"多种理想类型"（Many Ideal Type），而不是只强调普世价值。固守唯一的正确，就会变成独断——只有自己是对的，别人都是错的。

但是，无论如何，最后世界总要合而为一，我们无法避开。合而为一之后，社会中不一定要采取同样的模式，也要能够容忍不同的种族、不同的选择、不同的态度；而我们自身，也应该在光谱仪上找到自己的位置，不一定要成为两端，这是我的理想。

附录一

# 1840年以来的中国与美国

中美之间的交往,假如我们从1840年鸦片战争开始计算,几乎已经有两百年了。20世纪中期,年轻的中华人民共和国初试啼声。在这一过程里,中美之间的来往起起伏伏,恩恩怨怨,有非常复杂的记录。自从中国开放迎接世界以后,中美之间的关系,恐怕比历史上中国与任何其他国家的关系都更为复杂,而且影响久远。

这个大题目,不仅关乎中美两国,几乎可以说两百年来世界的命运很多时候与中美关系密不可分。中美关系的转向,往往导致世界历史的转向——当然,中国的命运也随之发生改变,同样,美国的命运也有所动荡。

# 楔子

我如此说,是因为两百年来中美关系的基本格局是:美国强势,中国弱势,强弱势之间有主客之势。由于美国本身的理念有其立国的政策,也有其衡量自己当时在世界上的地位而做出的取舍,所以对中国的政策有或高或低的重大变化。在此期间,中国被动的时候多,美国主动的时候多。

所以,讨论这个问题,我常常会将上述角度作为一条不断变化的线索,拉进来加以考虑:美国在那个特定的时空,为什么如此做?在中美关系上,那个时空特性之下美国如此作为,又如何影响其自身的发展方向,以及整体的国际平衡?随之而来的世界局势,是走向灾难还是和平?

口授这篇文章的时候,其实我心里也是五味杂陈。

中国与美国的关系有恩有怨,也有躲不开的纠缠。放眼世界,我们得到美国的帮助对自身产生的影响,确实比其他国家都更为重大,也更为深远。但是中国更被美国牵制,而被迫走向许多意想不到的方向——这不是中国所愿,对中国整体的历史也有很大的影响。

# 一、中美之间的贸易

1840年,英国与中国进行了第一次鸦片战争。其实,当时在香港活动的鸦片商人不只英国人,也有美国人。这个成立不久的新兴国家,也跟着英国参与国际贸易——中国贸易这块肥肉,它必须要染指。当时跟随义律(Charles Elliot),谋划该如何用强力打开中国的贸易大门的人中,也有美国商人帕金斯(Perkins)。到今天,帕金斯家族还是美国新英格兰世家大族中很重要的一个。他们也一样,用船只带来鸦片,带走中国的瓷器、茶叶等商货。但这种贸易并没有获得中国法律的许可,等于是英国在强行打开中国大门进行贸易。第一次鸦片战争动兵的虽然是英国,赞助者之中也有美国在香港的商人。

这次战争中国战败,被迫与英国签订了《南京条约》。1844年,美国派出使者顾盛(Caleb Cushing),和中国的总代表、两广总督耆英签署了《望厦条约》。自此,中美两国建交,而顾盛是第一任的公使。

就任公使后,顾盛说自己很兴奋,也觉得这是个巨大的责任。这个最年轻的国家,刚刚从内战中拔出脚来,第一次涉足世界政治、国际关系,居然就与世界上寿命最长的东方帝国正式建立关系,他认为这是人类历史上一个重要的里程碑。

我住在美国宾州的匹兹堡,在此顺便讲一件对我而言很有意义的事情。1784年2月2日,也就是华盛顿生日当天,"中国皇后"号从纽约港开往中国,这是第一条美国派往中国的商船。他们带来的不是鸦片,而是三十吨从匹兹堡附近采集的野人参(在中国被称为"西洋参"或"花旗参"),以及皮革、胡椒、棉花等商品;从中国带走的,则是瓷器、茶叶、丝绸等商货——这是典型的中美贸易里,中国销售到美国的商品。

有好几次,我作为"中研院"的工作人员访问哈佛大学,交涉合作事务,住的地方都是哈佛大学的宾馆。

这个宾馆是新英格兰的老式住宅，木头房子，古老的木床，房间里都是他们早期运来的中国瓷器。除了中国的瓷器以外，还看得出专门为美国和英国烧制的贸易瓷，也看见了中国的丝织装饰品。

如此情景，令我也觉得时空颠倒：一个中国年轻人到美国的最高学府交涉学术合作的事业——而住的房间里，围着我的居然都是古老的中国。这是值得纪念，也值得我一辈子回忆、感慨的事情。

从此以后，美国的商船纷纷进入中国。那时虽然已有机轮船，但很多船是机帆混用。"中国皇后"号是相当大的机帆混合船，"中国飞箭"号就更大了，速度也更快。到1860年左右，贸易商船从北美出发的港口有三个：旧金山、洛杉矶，以及加拿大的温哥华。它们定期来往，穿梭于两岸之间的太平洋。

19世纪下半段，美国经历了内战。整体发展方向，从开发新土地，转变为进入工业化。而且美国的开发，最重要的项目是向西建设跨州的大铁路，以及在美国西半部开发农田、建设都市。这些工作，数十万名中国劳工，提供了重要的帮助。

换言之,美国之成为美国,从一个旧日的英国殖民地,转化为横跨两洋的大国,对于太平洋这边的东亚,这一过程具有重大意义;对于中美关系,也经历了一段很不正常的过程。例如,做出重大贡献的中国劳工,却受困于"排华法案",不能如同欧洲劳工一样,移民进入美国。而美国成为横跨两洋的大国,他们的工业产品,很自然比欧洲还要更方便地进入中国市场——前此中国日用品输入美国的贸易方向,却从此转为美国的产品进入中国市场,与欧洲人争夺地广人多的旧日帝国。

从那时开始,这些往来的航船带去了无数中国青年赴美接受教育。第一批是容闳带去的一百多名中国幼童,进入美国的中学,然后深造。这些当年的"留美幼童"学成归国后,在外交、商务、教育各个领域工作。中美关系的这一环起步,对中国人的意义无法估量。这些人带来的美国影响,延伸到后来所谓"庚款"留美的学生——这其中,有一位非常重要的人物是胡适;当然,还有许多其他人物,包括我的恩师李济之。将"庚款"留学的学生名单拉开来看,几乎等于一张中国现代化的"里程表":其中有一半以上的人对中国的现代化做出过重大贡献,或者是开创性研究领域的学者,或者是开创伟大事业的奇人,也包括驻美大使以及在民国时期的外交部主持对外事务的人物。这里面也有革命家。当然,开创革命的那批人中,留法学生比较多。可是在后来的发展过程中,留美学生在国共两党都扮演了非常重要的角色。

## 二、美国与近现代中国的教育

20世纪初,世界的变化也很大。以机器工业生产商品的资本主义经济,迅速而大规模地吞噬了整个世界。白种人在这一剧变之下,不仅成为世界的主人,而且他们之间也要争夺剥削世界的"龙头"地位。在欧洲,发生了第一次世界大战。在那次大战中,资本主义经济第一次面临试验:国际共产主义的萌芽和苗壮,将世界带入左、右的划分;也在西方现代国家体制中,出现了一个注重公权力的新制度,以及与之共生的社会公益和社会福利的理想。美国在欧战晚期才进入战争,J. J. 潘兴(J. J. Pershing)将军率领美国参战部队向英法宣称:我们回来了,我们参加了旧大陆的共同事务。在中国历史上,"西方"二字也从此有左、右两方面的划分;而这个界划,使得中国脱离旧日帝国的挣扎过程，必须要有所选择。

在输入西方理念的过程中，美国传教士在中国设立学校，是一个重要的过程。同时，美国的知识分子，包括旅行者、记者、商人与教育家，带到中国来的理念，也因此至少有两条路线作为他们自己的选择，而又使得中国人必须有所选择。同样，他们从中国带回去的印象，也从此有左、右两种面貌和两种形象，出自他们主观的选择，也出自他们主观的描述。

美国人在中国最早设立的学校，是来华传教士们在教堂里开办的附属中学。我们已经很难说，究竟哪所中学开办的时间最早。北京的协和医学院是中国第一家现代医学院，还有湖南的湘雅医学专门学校、四川的华西协合大学、山东的齐鲁大学等，最初都是以美国为主的传教士所创立。协和医学院采用现代医学教育与全科医院结合的方式，在中国成为模范。他们的影响一直延伸到比较偏僻的省份：比如山西的铭贤学院，也是美国传教士设立的。民国时期，除了上述四大医学院以外，像燕京、东吴、金陵、之江等著名学府，都是美国传教士主持创办的，对近代中国的发展做出过巨大贡献。在史学领域,燕京大学的《燕京学报》、中央研究院的《史语所集刊》及清华大学的《清华学报》并称"三大学报"。清华大学是美国取得"庚款"后回馈中国而设立,时至今日,大陆与台湾的清华大学还是非常重要的学府,尤其北京的清华是中国大学的"龙头"。

我读书的辅仁中学,是在上海的中国基督徒回到家乡无锡建设的。他们认为自己虽然不是传教士,但也以虔诚信徒的服务精神,按照英美中学的教育程度和教学方法来设立学校。这批辅仁中学的教员对我的训练虽然只有两年半,从高一到高三上学期,却对我一生具有极大影响。

从大学教育到中学教育,美国对中国的影响深远无比。医药与教育方面,都是传教士注目的地方。1937年,美国医药援华会(American Bureau for Medical Aid to China)成立,这批与中国有关系的人回到美国,呼吁在抗战期间要帮助中国,捐助中国医药、设备和医生。在中国被封锁,极端困难的时候,一飞机一飞机的美国援华物资,经由"驼峰航线"进入中国。这里包括刚刚发明的青霉素,正式出厂后的第一批就被运输到中国,对中国的伤兵有极大的帮助。

直到今天,我们也应该感激他们,美国对中国的文化生命有重大影响——可以说没有任何其他国家,如此全面、无私地帮助过我们。很多传教士留在中国,在此终老;很多传教士以中国为故乡,他们说"我的家乡在中国";很多传教士在抗战期间保护中国的儿童,保护中国的伤兵,保护中国的逃难者。以南京大屠杀而论,金陵女子大学被划作"保护区",成千上万中国妇女逃进去得到救助,避免了被日本人蹂躏。

如此种种,令我们感慨丛生。但是,我们也有纠葛。美国对华贸易之中,几乎永远是美国出超,中国入超。而且非常遗憾的是,早期的鸦片贸易里面,美国一样扮演了可耻的角色:论输送到中国的鸦片数量,美国不见得比英国少——英、美两国,是最大的鸦片贸易商人。

## 三、中美之间复杂的恩怨

中美之间更大的恩怨,是在战争中间出现。第一次美国介入中国的战争,是在太平天国时。当时上海租界里洋人很多,中国逃难过去的人也很多。1860年,美国人华尔(Frederick Townsend Ward)领导组建了一支"洋枪队",这批雇佣兵人数不多,非常精锐。最初是为了保卫上海租界,后来离开租界帮助李鸿章的淮军,以及湘军曾国荃的部队。此后,镇压太平天国的战争中,他们屡立战功。

清朝末年,孙中山先生领导的革命,在初期是以美国的民主宪政作为模式——虽然他没有认真地认识美利坚合众国开国以后内部有种种的辩论和挣扎,也没有研究美国内战对美国政治制度的影响。(后来"三民主义"的"民权",只是笼统的交代。)可孙中山在广东开府之后，有一段最重要的挣扎，他摆脱了日本浪人"玄洋会"的影响，又从欧洲新出现的国际共产主义获得支持，也接受了他们的部分理念。更重要者，孙中山先生为建立新中国而组织的第一支革命军，是以黄埔军校的名义，接受了在俄国的共产国际送来的8000支步枪。

孙中山先生的构想中，民生主义的原型是"耕者有其田"：这也是中国历史上的农民革命军，包括前述"太平天国"起义共同具有的梦想。而在广州开府以后，与共产国际合作，使国民党内部出现了左、右的对立。也使他的"民生主义"的内涵，有了根本的改变："民生主义就是社会主义。"孙中山先生理想的改变，也使得中华民国成立的蓝图，在日后国共斗争中，不仅造成理念上的左右对立，也导致重要党员之间的对立。在他死后，所谓"宁汉分裂"，就是因此而起。而蒋介石领导的右派，从此失去了国民党左翼的支持。

第二次美国介入中国的战争，是在抗战期间。全面抗战开始，中国在一个月内损失了800架飞机，整个抗战期间损失了近3000架飞机。日本拥有当时世界上最好的飞机，但中国没有能力制造，只能从外国买回各种拼凑的飞机，将其组成一支航空部队。所以，中国的领空被日本人随意糟蹋。中国军队作战时，天上下来的炸弹比地上的子弹更令人无可奈何。

美国的一个空中特技队员陈纳德（Claire Lee Chennault），组织不怕死的美国空中健儿，以私人名义成立了一支"援华志愿航空队"（American Volunteer Group），号称"飞虎队"（Flying Tiger）。他们的队员是卖命的特技飞行员，可以在飞行中的飞机上从机舱里爬出来，到机翼上行走。他们可以在农田中起飞，可以降落在谷仓的屋顶，可以在空中翻跟斗而不掉下来，甚至可以在飞机上垂下一根绳子，在半空中荡秋千。

最开始，他们使用的是美国空军淘汰的飞机。"珍珠港事件"后美国参战，将这支民间部队整编为美国的第14航空队，陈纳德任少将司令。自从有了陈纳德的这支航空部队以后，我记得从1942年开始，我们在重庆终于可以安然睡觉。我们的部队与日本作战，在天上也有了飞机掩护。中国在抗战中损失的飞行员数以千计。

慢慢地,我们的飞行员也可以开与美国一样的飞机,与飞虎队并肩战斗。他们的恩德,我们永远不忘。

虽然,这些美国来的健儿也不是白飞:五两黄金出勤一次,打下一架日本飞机奖励十两黄金。每个人回去时,带着几十磅的黄金。要知道,那时候黄金的价值与今天不一样。但这些年轻人中将生命留在中国大地的,也为数众多。如今我们估计,1942 年到 1945 年,他们损耗了 400 人。至于他们是为财而死,还是为义而死,我们可以不计较。

我们特别要提及的,是中美间的商业来往。上海与其他通商口岸的租界,都有许多国家的银行,其中最大的是英国和美国的"银行群",尤其是英国的汇丰银行(HSBC,The Hongkong and Shanghai Banking Corporation)和美国的花旗银行(Citi Bank)。汇丰银行现在还是世界上最大的银行之一。美国的花旗银行,参与中国财政运作最多。原因在于,中华民国时期的财政部部长是孔祥熙和宋子文——宋子文就读于哥伦比亚大学,孔祥熙则毕业于耶鲁大学,他们将全美国最重要的银行设施带到中国。所以,中国第一个中央银行是按照美国银行设计、运作，而将花旗银行当作自己的友行，透支的时候都有花旗银行做后盾。假如没有这个后盾，蒋介石的中央银行不会有信用；而中央银行是蒋介石统一中国的最重要的因素之一——不只是依靠他的军队，而且是凭借一个现代的金融体系。

可以说美国的金融制度，经由上海的交易所，将中国的金融制度整体纳入其中。上海交易所是东方第一个国际性交易所，和华尔街、伦敦以及东京交易所一道，成为四个重要的世界金融交易点。这个运作将中国的现代财政、现代经济运作，全部卷入世界经济网。这一点很少有人注意，但是我必须表扬。然后，这一结果之下的中美关系，是恩是怨，是仇是报，很难说。因为这期间，美国榨取中国财政的时候多，帮助中国财政的时候少。但假如以这个制度输入中国，可以说全世界没有第二个国家能够整体地将自己的金融系统输入他国，而且将自己最重要的银行作为其后盾。蒋介石在北伐成功以后，如此迅速地建立中国的现代政府、现代工业、民族工业、国防事业等等，都与美国背后的金融支持分不开。

另一方面，因为义和团起义，八国联军侵入北京，击败了中国，从中国取得四亿五千万两白银的赔款——当时中国人口有四亿五千万，相当于每人要出一两白银作为赔款。这笔赔款史称"庚子赔款"，俄国与德国所得占比最大，其次是法、英、日、美、意等国。日本将这笔赔款以及先前取得的甲午赔款，用作国内的经营建设，成为后来强占东三省，乃至发动全面侵华战争最大的本钱。美国将这笔钱退还中国，作为教育的专用款；随后，欧洲的英、法等国分别退还了部分赔款。这笔经费对中国的教育帮助极大，清华大学就是在它的支持下建立的。每一家新的国立大学建立时，都从"庚款"中支出费用来支持建设——从两江学堂改制而来的中央大学，以及各地的国立、省立大学都是如此。一直到最后，台湾地区的清华大学复校，用的还是"庚款"中很小的一笔余款。

从1909年美国退回部分"庚款"支持中国的教育，到1964年台湾地区的清华大学复校，如此长的时间里，"庚款"都对中国教育持续产生作用。但倒过来讲，"庚款"是中国背负的巨大债务。这一批外国银行团向中国放债——中国没有巨资偿付赔款,只能向世界银行团借钱支付。等到退款时,当初的借款也存在世界银行团,我们只能支取利息,而且要扣除他们自己需要用的。

最后一笔"庚款"付款,是先父伯翔公以海关监督的身份,转任财政部官员时经办的。1942年不平等条约解除后,他专责清理"庚款"余数以及赔偿方式。在艰难困苦的抗战期间,这笔债款西方人没有饶恕我们。先父那时50岁左右,每次晚上回来,看着那一笔笔账,心里十分难过。

1941年12月7日,圣诞节前夕,日本偷袭珍珠港,美国参战。终于,因为盟国成员的身份,中国取消了所有不平等条约。这就等于,解除了中国背上数十年的包袱。此后,美国和中国的关系进入一个新阶段。原本民间身份的"飞虎队"变为美国第14航空队,中国的远征军也从腾冲走出国门,去搭救缅甸的英国军队,这支军队被编入盟国中英美联军的指挥序列。美国还派了史迪威(Joseph Stilwell)将军作为中国战区的参谋长——史迪威本想做中国战区总司令,指挥全中国的军队,蒋介石不同意。此后,美国的军队介入中国的军事，也是恩恩怨怨、纠缠不休。

抗战最后两年的作战，美国飞机飞越"驼峰"，给中国运来物资，也有飞机进来交给中国空军使用。在陆地上，还打通了印度经由缅甸通往中国的道路——史迪威公路，一车车物资进入中国，这些都在史迪威的指挥之下。中国调用这些军队时，需要得到他的许可。中国军队在前线作战，分秒必争的时候，因为他要看作战计划，往往贻误战机——千里以外的战场，战况瞬息万变，如何提供作战计划？这使得中国最后一段作战仍旧非常艰苦，因为旁边有人掣肘。当然，最后一次常德作战，若不是有美国军机远道运输援军赶到常德，我们是挡不住日本人长驱直入的。这是美国给予中国的很重大的帮助。

史迪威公路的中国部分，在云南群山之中，是各地少数民族的村民用人工开凿出来的。两千多辆卡车从缅甸进入中国——其实美国赠送给中国的车大概有四千辆，有一半在史迪威公路上翻车了。这些车都是由马来西亚、菲律宾、新加坡等地的华侨青年，到缅甸投军，作为志愿者开进来的——他们没学过驾驶这种车，两千多人永远留在了山沟里。本想回祖国帮助抗战，他们却连祖国的土地都未曾踏足。

在抗战初期，为了争取美国的援助，中国驻美大使胡适先生在全美各地作了五六十次讲演。宋美龄也特地在美国国会发表讲演，使美国人对中国的印象和中国劳工在美的形象大为提升。同时，美国的记者以及作家，尤其赛珍珠（Pearl S. Buck）和《时代》《生活》杂志的发行人路斯（Henry Luce），不断向美国公众介绍中国在苦难之中的挣扎。另一方面，中国北方在日本的战线向西推进时，八路军派往敌后的干部掌握了农村。在那些地区的美国传教士以及访华人员，以及后来的美国大使馆、领事馆的职员谢伟思（John S. Service）等人，将北方的消息传送到美国。其中，埃德加·斯诺（Edgar Snow）的新闻报道具有无可估量的影响力。

这种舆论的分歧，再加上史迪威和蒋介石之间的对抗，使得中美之间在"二战"最后一段的关系与配合发生了重要的冲突。"二战"以后，美国紧接着出现了"麦卡锡主义"（McCarthyism），造成美国内部左右之间的严重分裂。那一裂痕，又导致了所谓"谁丢失了中国"的辩论。更进一步,美国以同样的心态,回头看"二战"后的欧洲。俄国的崛起与中国的分裂,导致"二战"后近二十年,美国对自己领导的世界及与此相关的外交政策,都趋向对共产党执政的国家进行抵制和围堵。

抗战结束后,国共内战开始,美国莫名其妙地纠缠其中。美国派遣外交官谢伟思等人组成的"迪克西使团"参观延安,他们回来说:延安是未来的希望,重庆是黑暗的地方;重庆是要没落的,延安要起来;帮延安,不要帮重庆。有这样一个同盟国在旁边,说是帮国民党的忙,却决定了要帮对方。其间的恩恩怨怨,我们很难说。

## 四、"围堵政策"下的国际格局

经过五年内战,国民党退守台湾。这一段时期,美国曾有深入的检讨,也确定其国策所在:如何防堵苏联和中国联合战线?所谓"自由世界",也就是英美领导的欧洲和美国,该如何面对社会主义阵营?主张资本主义自由经济的国家,与奉行社会主义计划经济的国家,二者之间是和平相处,还是处处对抗?这是当时美国政府非常挂心的事情。

1947年,杜鲁门总统征求马歇尔、艾森豪威尔和麦克阿瑟这三大元帅的意见。1946年2月22日,驻守莫斯科的美国大使馆代办乔治·凯南(George Frost Kennan),向国务院发送了著名的"长电报"(Long Telegram)。乔治·凯南的建议,定下了美国对战后世界的规划:"围堵政策"(Strategy of Containment)。

从杜鲁门时代一直延伸到尼克松时代,都在这个方向采取了种种的外交措施。而在尼克松时代,基辛格规划了"联系"(Engagement)政策。但是,从整体原则而言,"联系"也只是手段,是想在"围堵"之中,设法闯出一个缺口。所以,"围堵政策"可以说是几十年来美国处理世界事务的最高原则。直到最近,这一政策演化成手忙脚乱的局面,这是当时没有预料到的。

回顾1947年至今,七十多年来,西方世界大多是在这个"围堵政策"的统治下:美国自我期许,应该担起自由世界、自由经济的"防卫者"这个责任。所有可能出现的"缺口",都要尽量堵上——从北海延伸到鄂霍茨克海,从柏林延伸到库页岛。这一条漫长的战线,中间以苏联为主,而中国作为没有指明的"伙伴"——中国的"伙伴"身份,究竟是靠向哪一边?这份长电报里没有叙述。

关于这一政策的落实,美国决定以前述三大元帅作为主要执行者。第一步是马歇尔以国务卿的身份,主持旨在推动欧洲复兴的"马歇尔计划"(European Recovery Program),同时以美元援助希腊、土耳其——

这两个国家处于苏联舰队由里海、黑海进入地中海的要道。在东方，日本投降以后，麦克阿瑟要将日本与韩国打造为"东方的民主堡垒"，亲自主持东线的防守。

杜鲁门下台以后，接任的是艾森豪威尔，三大元帅维持了这个局面几十年。其中的插曲，是杜鲁门无法忍受麦克阿瑟"将在外不受君命"，从韩国召回这一悍将。但是，马歇尔与艾森豪威尔忠诚地执行了这一政策。

这个政策在东方的第一步，是美国第七舰队开始巡防海峡，使得孤悬在大陆海边的金门、马祖——这两个基地得以保全。青岛本来是美军驻华的海军基地，美国人却在真正卷入中国本土战场前撤离了。否则，驻守青岛的美军，将会与驻韩美军形成呼应。

这个决定引发了下面一连串东亚的变局。美国强化菲律宾的基地，将日本冲绳岛作为美国东方防线的重要据点——加上台湾岛，构成围堵中国的"第一岛链"。这个政策维持之长久、执行之着力、影响之深远，一直到今天。

假如内战中，国民党的军队完全打光，美国将不得不设法与中国大陆直接打交道——如此政策下，美国就有了支持国民党的理由。从那时开始，美国拒绝与中国大陆来往，而且努力维护台湾当局在联合国的常任理事国地位。即使1972年，台湾当局已经被迫退出联合国，它与美国之间的关系还是维持到了1978年，直到北京与华府正式建交为止——台湾当局变成世所罕见的"身份不明"政体。

"冷战"开始后，防守台湾成为美国的任务之一。对于台湾当局而言，假如没有美国这颗"定心丸"——美国将防线划在了台湾海峡，台湾这个基地的建设不可能展开。

台湾几十年的努力，替中国的海外部分开创了一个新的天地。这片新天地和海峡另一边本土之间的恩恩怨怨，到今天还无法解除。将来怎么解决这些纠纷？如何才能"破镜重圆"？如何能让台湾建设的成果、台湾的人才、台湾的经济基础与大陆上的经济建设互相支持？我们今天无法预料。这要靠我们中国人的智慧，思考如何能够顾及中华血脉。当然，关于"中华血脉"这四字，民进党与我的想法不一样。

事实上，大陆与台湾在经济建设方面曾经互相支持，从 70 年代至今没有停止。大陆的经济建设，比台湾晚了大约二十年，因为中间经历了三十年尝试种种政策导致的颠簸及动乱。从邓小平主政时期开始，到今天双方的合作和沟通，由两岸的海峡事务委员会发挥作用，由外国的元首如李光耀等作为中间方，在港澳没有回归以前是两岸很自然的接触点。

还有一个非常重要的事情，就是蒋经国开启的台湾体制改革。他宣告："我们蒋家人不再介入政治。"后来，李登辉改变了台湾的基本大法——到如今，台湾的"中华民国"只剩四个字了，实质上本土人士已完全取得政权。但吊诡的是，美国政府继续承诺"要以全力保卫台湾"，这个说法成为国际关系史上世所罕见的例子。熟悉国际事务的人士，曾经用"有心的模糊"（Intentional Ambiguity）来形容如此安排。

在中国历史上，从春秋转入战国的时代，晋国曾是"五霸"里实质上的领袖，后来晋国占有了其盟国卫国的干邑。晋国的霸权在那时也已日薄西山，终于内部为韩、赵、魏三家瓜分，中国历史进入战国的"七雄"时代。那时真正有实力竞争霸主的，是秦、楚两个原本边缘的大国——夹缝里出现的吴、越两个霸主都只是昙花一现。秦、楚这两个边缘大国竞争，最终结局是秦国统一了神州大地，成为"中华帝国"的前身。而秦国统一中原的过程及其所建立的制度，实际上约束了中华帝国两千年的形式，到1912年方才改变。在此，我以中国历史上的这些例子，来预见美国几十年来的霸权后面可能的变化。

美国的霸权建立至今，在东亚遭遇了诸多危机：一次朝鲜战争、设置数个据点；两次越南战争；日本和韩国则沦为美国实际上的"属地"，冲绳的地位变得不明不白。而这些，都是"围堵政策"的后果。美国如此称霸，竟在别国之内可以像晋国取得卫国的干邑一样——干邑在当时中原的东半边是个据点，晋国在北半边指挥不动。这个情势就很像东亚"岛链"情形。吊诡的是，晋国分出来的赵国，最后将干邑夺走了。将来美国会不会将台湾转变成日本、韩国的"延伸"？我们无法预测。

再看欧洲的局面。"马歇尔计划"以后，美国以组建北约、欧盟的方式,以英、法、德三国——过去的敌人德国作为重点,扼守在欧洲中心地带。数十年过来,如今欧盟已经感觉到:当年的美国是为了保护他们,如今的美国却成为他们的主人。美国为了保卫欧洲,花费了极大力气。"马歇尔计划"真是从断壁残垣之中,重新建立了一个花团锦簇的世界。如今德国繁荣的经济基础,与今天我们看到的美国不一样——英、法败下阵来了,德国上来了。

"二战"后的德国被一分为二:一半由西方占领,一半由苏联占领——如同朝鲜与韩国、越南南部和北部的划分一样。柏林是独立市,又在中间建了一道"柏林墙"。1948年"第一次柏林危机",苏联封锁柏林,美国长达数月空投粮食、汉堡、热狗、牛奶、鸡蛋,乃至纸张等生活物资,飞机在跑道上没有停过。那一笔开支相当惊人。

1963年6月25日,肯尼迪在柏林讲演:"作为一个自由人,我无比自豪地说,我是一个柏林人。"肯尼迪担任总统以后,还讲过:我们不要忘记丘吉尔与我们的老总统罗斯福曾经提出,人类应当有"四大自由"

(罗斯福与丘吉尔签订的《大西洋宪章》其实有两个"版本":一个是长的"条约",一个是短的"四大自由"的口号——免于恐惧的自由,免于匮乏的自由,言论自由,信仰自由)。我们责无旁贷,要做世界的卫兵,维护这"四大自由"。当年的肯尼迪,就以"四大自由"为理由宣誓:我们的任务,任重而道远。不要问国家能为我们做什么,要问我们能为国家做什么。当年罗斯福总统实行新政以后,国家对国民尽责任,维持其起码的生活水准——我们政府的责任,就是在美国的领土上实现"四大自由"。

这些宣示非常动听,而且美国人的实践确实也非常努力。当初所划定的界线,今天还依然存在——最近乌克兰与俄罗斯的冲突,还是美国"围堵政策"所导致的。当年马歇尔认为:苏维埃联邦共和国是沙皇的俄国,有所有帝国最强暴、最残忍、最凶悍的一部分。

前面我所讲的,是为了说明乔治·凯南"围堵政策"的文化背景,美国对自己的期许以及做出的努力。从那时到现在,七十多年了,美国的霸权都在"围堵政策"的话语体系下呈现。

中间还发生过"古巴导弹危机"。苏联想要在古巴设立一个导弹基地,美国坚决不允许。肯尼迪和赫鲁晓夫对抗,彼此不相让——最终苏联让步,将导弹撤回。而美国至今还占着古巴的关塔那摩监狱(Guantanamo Bay detention camp),抵死也不肯让出来:这是一个没有法律管束的牢狱,美国在此审问的间谍、俘虏来的囚犯,没有任何人权法保护,被施以灌水、鞭打、电击等酷刑,死了就将尸体扔掉。如此行径,我常常用"吊诡"这两个字形容:美国号称要维护"四大自由",实际上始终存在这样一个"疮疤",却视若无睹。

1957年,人类第一颗人造卫星由苏联发射成功。美国花钱费力,力图保持太空的均势。美国人终于在尼克松时代的1969年,首次登上月球。此前一年,美、苏、英等69个国家,共同签署了《不扩散核武器条约》。限制新的国家发展核武器,这对于世界而言是好事——至于已经拥有核武器的国家会不会有人首先使用核弹,就是未知之数了。一直到里根时代,美国与苏联的军备竞争始终在进行,甚至发展到可以用卫星将核弹运载到太空——美国以巨量的太空军备竞赛压垮了苏联的经济。

中国的"两弹一星",令美国在意;而此后的太空竞争,中国至今没有中断——坚持核弹和航天科技的研发,不接受美国的管束。这个剑拔弩张之势,持续到今天没有松懈。

前面一段讲述美国历史上的外交政策,作为背景,是为了说明:美国的外交政策,是中美关系中最主要的一剂"药"——"君臣佐使"五味俱全,它处于"君"的位置。而这个"君",是为了维护西方文化的霸权思想、"围堵"思想。这才是我们理解"二战"以来的世界,这个复杂的大棋局很重要的一个原则。

# 五、"麦卡锡主义"下的留美华人

"二战"以来,众多中国留学生在美国深造,包括我在内。我们到这儿来求学,是因为美国学校的课程、设备居全球之冠。这一阶段,美国确实也在大量收纳外国学生,我们趁此机会来学本事。当然,中国人喜欢落叶归根。早期来的"庚款"生,以及后来成百上千的留学生,绝大多数回国了,主要的工作岗位不是在教育界,就是在实业界。那个时期,中国的科技发展还不是主流,科技人才也就大致分配在这两个范围内。

等到"二战"后,国共内战,中国一分为二,海峡封锁,这就成了大问题:中国大陆出来的留学生,在"围堵政策"的立场之下,美国不让他们回大陆。最典型的例子就是钱学森。

当时美国的物理学是世界前哨,假如中国要发展现代科技的武器,钱学森的参与必定有其贡献。我相信钱学森先生在发明导弹这件事上尽了力。但后来中国发展"两弹一星",主要依靠的还是当年俞大维的"兵工署"所训练的一批军事武器专家。杨振宁、李政道当年就是被俞大维他们送出来的,这两位都是西南联大教授吴大猷调教出来的学生。

"铁幕"开始降落时,美国开始疑忌在美的"左倾人士"。这一事件发生在杜鲁门任上,"麦卡锡主义"不仅要挡住那些选择回到中国或东欧国家的知识分子,而且要铲除美国国内的"左倾"分子。所谓"左倾",其定义就变成"自由分子"——凡是不"右"的,就给他们戴上"左"的帽子。

主要负责此事的,是"太平洋国际学会"(Institute of the Pacific Relations, IPR)。他们的监视网非常宽广,笼罩在所有中国研究的基地上——匹兹堡还好,因为不是大基地。如此情况,使得全美的华人都心惊胆战,不知道哪天 FBI 或 CIA 的探员,会查阅他们的来往信件,会检查他们的纳税数目,大家杯弓蛇影,心怀恐惧。

1970年我来匹兹堡的时候，还看见了这种现象的遗留。一位姓余的老华侨——到这里他改名换姓为"林盼"，因为他买了林家的"出生纸"（Birth Certificate），我们家现在的牙医就是余家的。老先生到我的办公室来谈话，进来先把门关好。然后轻轻地和我谈他们的恐惧，低声问我："这个局面何时可以终了？"因为他们有很多家乡子弟想要出来，但"铁幕"已垂下；还有那些死在异域的几十个同乡，只好先火化，等到有一天带回故乡去。最近犬子还访问了存放骨灰的地点，确实有几十个坛子在那里。

到后来"麦卡锡主义"平复了，中国台湾恢复了与美国的来往。1962年我回到台湾，此后两三年间在母校历史系服务，按照现代的规模、方向安排课程；余外的工作，就是奉命与美国的学术单位及汉学家联络。我的上司是"中研院"院长王雪艇，以及史语所所长李济之。这个工作非常艰难，有很多人质疑我的立场：你是台湾来的，你对大陆既无影响，又无说服力，怎样让我相信你呢？我们如果到台湾去，会不会加重美国对我本人的猜疑？我说："我不能回答你的问题，但是我回去了，我没问题啊。"

一直到1971年，尼克松与中国大陆开展"乒乓外交"以后，才有大量的华侨青年和留学生回到大陆；随后同样有大量的留学生从大陆过来，比从台湾过来的多十倍都不止。

1956年，杨振宁、李政道二位先生提出"宇称不守恒定律"；随后，吴健雄女士以试验证明了这一猜想——这三位都是世界著名的物理学家。杨先生因其父亲还在大陆，中美关系一松动他就回去了，从此没有断绝过与大陆的来往。他也很努力地将美国现代物理学的研究情形引介到国内，帮助国内的学者。数十年来，他本其初衷，帮助了许多学生留学，为大陆物理学的发展尽了自己的力。

我曾有幸与他一起，帮助余纪忠先生在中国设立"华英基金会"，目的是帮助中国大学的教员出国，做短则半年、长则一年的进修。只要他们提出访问单位、目标、计划、时间，以及美国的邀请函或接收的承诺，还有校内给出的推荐信，我们就尽力在专业的方向评定其次序。看见如此多优秀的学者排着队，准备更进一步地努力，于我而言是件非常愉快的工作。遗憾的是僧多粥少，我们无法满足每个人的愿望。因为这一项工作，杨先生与我们每年碰面一次。除了我们对各校讲演以外，我也有机会向他请教。

后来，我们同时在香港中文大学做访问，经常会一起喝茶聊天。如此交谊，我对他钦佩有加：老而不失童心，聪明而没有凌人之势。他在专门的学问做到了巅峰，而且对一般事务非常了解。最可佩处，对像我这种年纪的后辈，他完全是坦诚相交，使我与他谈话感觉如坐春风。

## 六、美国在亚洲、北非的扩张

两次越战对美国的冲击,其实比朝鲜战争还要大。朝鲜战争中美国损失了四五十万名军人,这在美国历史上是空前的;而两次越战,美国都没有讨到好处——这两次越战延续,加在一起几乎有三十年之久,尤其是第二次美国从越南撤退,狼狈不堪。

战争中不使用毒气,这是国际公约。"二战"期间,美国与德国之间、美国与日本之间,都遵守了这一原则。但是,日本人常常在中国战场上使用毒气。美国在越战也使用了毒气,到今天越南的幼儿之中,都有畸形儿、难产儿;美国在越南森林之中散布的毒气,至今还弥漫于空气中,这都是造孽。

在苏联控制范围之内,东欧与北欧、南欧的国家,数次尝试脱离被动的地位。每一次这种事情发生,美国的CIA都深度介入，造成动乱。有的后果是国家改制、新的政权出现，但政权能够维持稳定的，只有匈牙利、波兰。余外，北非的埃及、阿尔及利亚、利比亚等，这一串地中海岸伊斯兰教国家的动乱，没一次不是破坏了原有的秩序，建立另一个集权政治，独夫独裁；而那个国家原本已经开始的经济建设，几乎停滞。

从地缘政治而言，中东是必争之地，这片地区也是世界上最大的石油产区。美国用尽心力，从控制沙特阿拉伯开始加以掌控。沙特是英国当年从波斯帝国分离出来的独立酋长国，后来变成酋长世袭的一个"阔财主"——不需要治理国家，他们收钱就行了。沙特有一百多个王子到伦敦访问，一买就是一层楼，首饰、手表、衣服，他们的妻妾都需要——沙特的一个王子，可能有一百多个妻妾。这种腐烂、落后、荒唐的国家，是美国"心爱的宝宝"——为了他们的基地以及石油资源。

1948年，犹太人回归故土，居然在耶路撒冷旁边切出一块土地，重建以色列——单单靠流亡的犹太人，能有这种力量吗？实际上是英国和美国在背后支持。英国在战后一蹶不振，以色列的主要支持者是美国。以色列这个国家有它可佩之处，"无中生有"，很快就把国家建设得像模像样。希伯来大学的水平，不亚于中国的头等大学，不亚于美国的好大学。台湾的军事研究院，常常请教以色列顾问帮助解决导弹问题，也请他们来帮助解决建立核电站的问题，这些人都是头等专家。我到以色列去过好几次，他们纪律严明、生活简朴、奋发有为。但几十年来，以色列慢慢败坏了：当年建公社的勇气、尝试与学习的心态都丧失了。最近的以色列总理本雅明·内塔尼亚胡（Benjamin Netanyahu），曾因为贪污而被法办。可是，美国必须要维护以色列。

美国深入干预中东政治，为了独占石油资源而发动了三次战争：海湾战争、库尔德战争和伊拉克战争。然后紧接着，是伊朗战争、阿富汗战争。每次战争到最后，是颓垣断壁，当地被破坏得不成样子。美国经常不用正规军来打，而是花钱找雇佣兵——这些人无所不为，没有军纪、无视法律。我不知道这种罪孽给中东造成的负担有多重。三十多年的战争，将中东打得稀巴烂，地中海南岸、非洲北岸的国家，到今天还没有恢复元气。美国将伊斯兰世界之中可能成为稳定因素，重建地区秩序的国家通通打烂。现只剩土耳其还是完整的独立国家。

这些都是"围堵政策"延伸出来的后果——美国扩张成瘾，每位总统任上都有一批将军希望扩张。在老布什当副总统时的幕后支持下，成立了一个黑水国际（Blackwater Worldwide），专门做雇佣兵生意，杀人成千上万，一个个国家被毁坏，他们却不用负责任。中东的阿联酋，也是美国主导下的产物：将这一带几个小酋长联合在一起，建立"联合酋长国"——那里有全世界最奢侈的酒店，停靠着世界上最豪华的游轮。

实际上，战后的日本，相当于美国的"殖民地"。在朝鲜战争中，日本为美国提供后勤补给、维修保障，也借机将"二战"时的老旧设备全盘更新。20世纪70年代，日本的工业辉煌一时，其生产率全世界最高。世界上日本商货遍地，丰田车、松下电器、西田百货等——日本商人所在之处，当地房价能翻两三倍。东亚一带的经济也随着日本起来了，所谓"雁行理论"——中国大陆沿海地带也在这一波经济荣景之中占了一角。

如此情形，美国不能接受："我将你扶植起来，现在你反而骑到我头上，将我的买卖都抢占了。"于是收紧银根、提高关税、专利索赔等手段齐施，三年之内将日本打到地下，到今天还没爬起来。所有著名的日本品牌，美国公司都占有股份。

台湾地区比日本聪明，当年的建设不用美国的品牌，像台积电这种企业，都是自己申请专利权——台积电生产了全世界80%的芯片。当初设计台湾地区的经济模式时，就考虑到日本的前车之鉴。台湾地区的长荣公司，是世界上最大的航运公司之一。中国香港董家、包家的船业公司，运输的也是以美国商品为主，现在被美国"卡脖子"了；希腊的大船队也是如此。所以，这个"龙头"不讲江湖义气。中国江湖上的龙头老大，是老大吃亏、小弟兄占便宜。美国这个老大，是你做了我的小弟兄，就得听我的，随我处置。如此行径，怎不令人失望？最近美国在提高中国的关税，又以台湾问题要挟中国。从东方到西方，美国的如此行为，使得国际社会怨声载道。

## 七、"美人迟暮",是最令人伤心的事

数十年来,我们也见过美国曾经的荣景,百年繁华。1957年我到美国,正好在报纸上读到:一个非裔小学生要进入白人学校,而被挡住了;国家动员了该州的自卫队,以政府的力量,将民众的反抗压下去。这种"黑白"之间的纠纷,至今没有停歇过。因为黑人群体"拉不起来",马丁·路德·金做了多大努力,也于事无补——种族纠纷问题,如今变成"种族惰性",弱势种族不再争自己的权利,反而去争政府的失业津贴。从数字上看,美国缺工120万,失业人口只有25万,差不多100万人在领政府的失业津贴,不愿意出去工作。生之者寡,食之者众,经济就下来了。

美国科技的发展,今天的数字化、自动化、人工智能到此地步,厂房里面不见下层工人,只见工程师、

检查员。1970年,我从台湾到匹兹堡大学教书。当时一次大罢工,白宫震动,全国不知道怎么办。今天,如果再有同样的事情发生,是否能同样撼动国家?一个国家假如有四分之一的人口实质上是靠国家"社会福利基金"养活的,政府税收不够用时,只能靠印钞解决。支撑美金实质的力量,应当是国际贸易和国内的所得税——但实际上却是一团乱账。很多美国公司的收入在别处,富余的钱存在国际户头。如今美国的经济摇摇晃晃,所有货币发行限额等经济学上的定律,都不遵守。

从1980年到2008年,两次大的经济危机,都是信用问题、贪污问题、虚假抵押等问题所致。原本,这都是资本主义制度不容许发生的问题。因为健康的资本主义市场经济,是靠信用承诺,两次经济危机几乎让美国经济崩溃。

最近的美国经济本该是大恐慌、大不景气的时候,居然出现物价回涨、股价回涨的情形——我们都看得出,其中有假。如此情形说明,美国这个国家在自我欺骗。但美国国内有如此多弱势群体,在依靠国家的津贴生活,长此以往,怎么办?这些弱势群体拥护不讲理的激烈右派，该怎么办？罗斯福当年倡导的"四大自由"很对，但现在"第五个自由"出现了："别惹我"的自由。要不要工作、是否上学等，大家都认为是个人的事——如此"独立精神"，不是健康的独立精神。我希望中国的年轻人不要"躺平"——但是，世界的潮流似乎正是如此，怎不令人担忧。

十几年前，我写了一篇有关反思美国社会的文章，后来发展为一本书：《美国六十年》。那时候，我批判美国将要面临的危机：政府骄横，社会涣散，铺张浪费——尤其浪费在军事、国防上。然而，政府该做的事情却并没有尽到责任：全国的基础设施，桥梁、机场、公路、水泵很多坏掉了，却没人管。当前美国社会最重要的问题是国家精神涣散：政府天天在争吵的，是堕胎是否合法、变性人的权利等——不是说这些问题不重要，而是说这些话题占据大家的注意力，沦为政客哗众取宠的项目，真正关乎国计民生的事情反而没人管。这个国家正在掏空自己的精神、文化、经济实力，这个国家正在走向浪费、走向懒惰、走向消耗、走向空洞化。

"9·11"以后，美国以报复恐怖分子为口号，在中东介入无数纠纷。为了惩罚他们,美国在外战上消耗有多大?得到的丑恶名声有多少?国家多少的实力花在杀人上面,花在雇用枪手上面,花在一架架无人机上面?

历史上最骄奢的罗马帝国,最浪费的法王路易十四,最野蛮的俄国沙皇,他们的骄奢、浪费,都没有美国如此严重。假如美国经济这条大船沉没,像我们住在美国的人会跟着淹死,全世界经济会随之没顶。如此危机,该如何挽回?这是令人彻夜难眠也想不到出路的问题。但是美国如此的败象确实已经很难弥补。

近年来,有很多批评美国资本主义的书,但美国的政客不愿意听,或者来不及听——对于他们,最要紧的是如何抓到选票,入主白宫。特朗普是疯子,拜登是老糊涂——这样的人在治理当今的美国。当年我开始写《美国六十年》时,至少有12本书和大量批判美国的文章可用——今天我去查,这些自我批判的书没有了。可有识之士还是在批判,《纽约时报》《大西洋杂志》《礼拜六评论》有数的几个记者和评论家在不断提醒:危机就要到了。"火马上要烧起来了",可没人注意。这件事令我不但感觉心酸,还有心伤。本来美国这个"理想国"涌现于人间,大家认为这是人类的期盼。到今天,像福山这种人还在讲:美国模式是人类历史的终点,我们做到了。如此糊涂之人居然成为白宫的智囊。此情此景,怎不令人伤心?

我也劝告国内的"唯美派",不要唯"美"是尚。"美人迟暮",是天下最令人伤心之处。当年曾见其绝代风华的人,能不感慨万千?尤其此国之衰,会影响世界各处。

其实对美国现况的批判,我内心何尝不痛苦?我曾看见美国人奋发努力的时候,看见美国的民主运作是许多人努力的累积,看见美国对穷国、小国的援助,甚至教会在各地对当地教众的支持和教育,都是令我钦佩的。而且,我曾经盼望美国的民主自由政治体制有不断的进步和因时的修改。因此,今天看见美国社会的涣散,政治的庸俗,在国际关系上又如此地骄横而不知检点。大家可以想象,美国这个社会从记忆中的美好形象,居然一变而成为现实中破碎的残境,我心情之悲苦,不言而喻。

(本文发表于《二十一世纪》双月刊,2022年10月号)

附录二

# 许倬云：中国的建设与我休戚相关

许倬云　口述
陈新华　访问、记录

我已有两三年不常见人，不仅因为疫情，也因为身体瘫痪，无法出门。即便如此，我的日子也过下来了。当然，不见人也有好处：可以借此机会反省，反刍、检讨自己的行为；看过的好小说、好电影，也有时间重看一遍。人生在世，面临何种的境地我们也许无法决定，但以何种心态去面对，这是我们可以选择的事情。

# 面对世间种种不幸，
# 我常怀"无助的悲哀"

战争对我的影响极大，不只是对我个人，而是对我们这一代人。但是，我们这一代人有九成已经故去。这段人生经历，使得我们形成了一些共同的特点：比如不怕苦、不怕累，实事求是。我们这一代人骨头硬，面对日本人的侵略，饿着肚子也不让步。对我来说，那真是一段悲苦的人生经历，看见了如此众多的死亡，亲身经历了种种离散。回头来看，如果当时将我弃置路旁，无人照护，以一个残废小儿，不被践踏，也会饿死。今天还能活着说话，竟可说几乎是"偶然"。

战争中的种种离乱之苦，使得我后来读史书时，分外能理解永嘉南渡、靖康南渡，以及其中的人的遭遇和心情。面对世间种种不幸，我时常怀有"无助的悲哀"，不是为我自己悲哀，而是为所有的弱者悲哀，为所有在战争中颠沛流离的人悲哀。对于正在发生的俄乌冲突,我悲哀的是乌克兰的老百姓无处可去;二十来岁、无知无识的小兵,很快就结束了生命。想到这种悲苦的情形,我就忍不住流泪。

因此,我一看见打仗就不舒服。作为研究历史的人,我会追寻战争里面的是非曲直。但总的原则,是希望世界不要发生战争。战争中最吃亏的,是普通老百姓;最无助的,是老百姓之中的老弱病残。我在还没有多少知识的年纪,就对战争心怀恐惧,这是我一辈子的伤心处。

这段经历对于我人生的影响是,发现问题我就琢磨,要弄懂它的趋向:不一定是要解决问题,有些问题已经发生,无法回头补救——比如"二战"前后,各种内外战争中死去的几千万人,这些人的生命已无可挽回。战争中的遭遇,也让我理解战争多一点,理解困难多一点,理解这个世界的错误多一点。假若因此我懂得多一点,理解这个社会多一点,世界上就少一个糊涂人。但是,我仍然常感无助,这是刻在生命里的东西。

这次俄乌冲突爆发后,有两艘游轮停泊在波罗的海边,美国驻乌克兰领事住在那里,乌克兰的很多有钱人持有美国护照，随时可以登船，那艘船能装载一万多人。这些人没有遭受多少苦难，美国欢迎他们带着资金进来。俄罗斯的权贵阶层也一样，可以逃到他们在西班牙海边或瑞士买的别墅里，过着和其他欧洲国家富人一样的生活：歌舞升平，喝着酒、看着报纸，谈论战局。可是，那些在深夜睡梦中，忽然飞弹临头，就此结束生命的人，他们是不是太冤枉了？

这次疫情的应对，美国表现出从未有过的手忙脚乱，也显示出美国政府越管越多，但是越管越差。整个联邦政府的治理功效很差，反应迟缓、经费不到位种种问题，反映出这个政府的腐败与无能。亲身经历过这三年间发生的种种，我们很多人觉得惊诧且伤心。美国号称有现代化政府的效率，何以如此禁不起折腾？

我估计在十年到十五年内，美元作为世界货币的地位会崩溃。如果美元突然崩溃，全世界市场难免混乱；假如是慢慢衰退，对于全世界而言，无非是少了一个经济霸主。只是，一旦美国垮下去，能否有别的国家补上来，重整秩序？目前来看，美国分裂为几个国家的情形，短期内应该不会发生。但美国选出来的总统越来越不像样，政府效率越来越低，老百姓生活越来越差，则是可以预期的。我觉得当前美国的情形，约略相当于"二战"结束后英国所面临的局面——殖民地一个个独立，英国内部效率越来越低，直到彻底垮下去。经过七十年的涣散，如今英国的颓势已无可挽回。所以，有媒体评价伊丽莎白女王去世，是"大英帝国落日残阳的最后一抹余晖"。

从英国的情形来看，美国将来也可能一样：联邦政府功效衰退，各州难免各自为政，州与州之间更趋向于竞争而非互助。这种竞争，相当于"经济上的内战"。美国内部还存在诸多种族间的差异以及互相歧视。很多穷苦老百姓，依赖政府提供的良好福利生活，如此保障之下，大量人口因此觉得犯不着上班。税收不足，这种高水平的福利难以持久。长此以往，生之者寡，食之者众，国家经济势必衰弱，甚至因此而崩溃。现在美国的政治人才品质远逊于常态，是因为两党制下的政客与庞大的财团、军工复合体狼狈为奸，在看似合理的规则之下操纵政治，谋取私利。但是，美国的老本累积了不少，一时不会全垮。

# 没有理想世界，
# 也不存在"完美的制度"

很多人认为，美国是"文明的灯塔"，美国制度是值得全人类效仿的理想制度。我认为：没有理想的世界，"乌托邦"是不存在的——哪怕是我们认定的理想世界真正实现，随着时间推移，"新"变为"旧"，"旧理想"出现毛病，或者"旧理想"构建者懒惰、老化，我们不免又要追寻新的理想。如此种种，在人类历史上反复发生过。

我不是耶稣，不是佛祖，我不认为普天下有标准答案，同样也不认为人类社会有个终极的"完美制度"可供遵循。假如真要让我找出一个"理想的世界"，我愿意提出《礼记·大同篇》中从"小康"到"大同"的社会理想，那是我们盼望的过程——我愿意做一个可以实现的梦。

至于我在著作中或者谈话中提出的任何建议，都是因时、因地、因情况而提出的。天下没有包治百病的药，也没有百吃不厌的菜——哪怕山珍海味，吃到第二顿就觉得味道差了。一个萝卜，饿的时候吃一口觉得很脆、很香；饱了之后再吃，可能就觉得又生又硬。

我不是绝顶聪明的人，但是很多比我聪明的人可能不如我会用脑子；我也不偷懒，没事我就找问题来琢磨，一件事情完成以后，我也有检讨它的习惯。今生我还没到终局，我能做的就是做一天和尚撞一天钟，尽其在我。

人在世间生活，各有其独特的生命轨迹。而国家和文化体，某种意义上就如同人：各自有各自的过去，各自有各自的未来，没有一定的模式。所谓"人类发展有一定的模式"，是 18 世纪的观念，基于当时欧洲人对世界的理解。那时科学时代刚刚开始，欧洲人前所未有地自信，以为掌握了世界的规律、宇宙的秘密，可以经由思考、推演、试验得到精确的答案。但实际上，当时的欧洲只是根据自己走过的短暂轨迹来推测自己的未来，他们并未将亚洲和非洲的过去，作为他们参照的一部分。在当时的欧洲人眼中，非洲是殖民地，没有决定自身命运的权利，亚洲是过去的、垂老的文明。他们理所当然地认为，人类社会的未来应由"先进的"欧洲人来思考、决定，这些殖民地、"落后的文明"应由他们来管辖，乃至教化。如此观念，是欧洲人将自身发展的轨迹强加于其他文明的结果。

近两百年来，中国颠颠簸簸、挫折不断。其间最大的错误，就是总盼着有一面镜子在眼前，我们如同"螟蛉之子"一般，以为照样模仿就能走向现代化。然而，蚕宝宝的成长路线不可能与萤火虫相同，猴子的成长方式也不能与人类一样，这是自然之理。中国走的这条路与日本不可能一样，中国也不可能完全照搬美国。

借用中国武侠小说的说法：拳经、剑谱本来都是没有的，任何武术（包括将军作战的战略、战术）都是因事而起、因势而生、因时而变的。就如同你不能将你的生命轨迹，与我这个九十二岁的人放在一条线上。我们的人生经历不一样，没有哪个人可以与我走完全相同的路径。当然，对于我们而言，其他国家走过的途径是相当重要的参考。我们可以跟着它们走一段,也可以不跟着它们走,各种可能性都有。

以美英为例:美国本来和英国是同根,不过等到十三个殖民地扩展为一个合众国时,它的人口结构已经不只是英国人,有四分之三的移民来自其他地区(或在当地出生)。因此,英国模式已经不再适用于新成立的美国。以政体而言,美国没有采取议会制,而实行了总统制——总统也就是"无冕的帝王"。两相对比,英国的内阁制有一个好处:首相干得不好,三个月不见成绩就要走人,马上可以重选。美国没有这一调节制度,选出的总统即便不行,也要任满四年——四年的时间,什么事都有可能发生。最近的例子就是特朗普,特朗普能与华盛顿总统、罗斯福总统比吗?实际上,每一位总统都不一样。因此,美国这种制度并不比内阁制稳定,反而更混乱。

以这两个同根而出的族群举例即可明白:世上并没有一成不变的路可以走。人类的每一个族群都有自己的过去,因此也就有自己的将来。所以,世界上可以有"中国式的现代化"。近代以来,中国总以为必须模仿西方的政治制度和经济制度,才能抛弃过去、迎接未来，走向现代的世界。以政治制度而论，从清末主张立宪以来，主张现代化的中国学者几乎都以为代议制的政治是必然的方式，这一制度简称为"民主"；或者由"公民社会"中的"公民"决定自己的生活方式和共同遵守的法律。这种构想，来自欧洲历史上希腊时代的城邦结构，他们以民主为特色。

诚如我常常所说：没有一个制度是完美的。任何制度在初生时，都有一定的美好愿景，但经过历史过程考验，任何制度都会改变。柏拉图早就指出，希腊的"民主"制度，有时候可能走到少数乱民垄断发言权的混乱境地，也有可能出现一个有领导魅力的领袖，篡夺了民主整体的实体——这也就是柏拉图所担心的：所有的制度都有可能蜕变、衰老或变调。所以，他以为美好的制度应该是由"哲人君王"领导的政治体制。

实际上，柏拉图担心的民主制度的质变，在欧洲历史上已有显著的例子。在希腊城邦时代，城邦联军击败了波斯帝国的侵略。希腊联军的领袖伯里克利在战胜之后，威望之高俨如君主。另一个例子，罗马是按希腊城邦模式建立的新的政权,城邦的权力属于全民,而由元老院(或者用今天的话,参议院)执掌政权。可是大将恺撒,在征服高卢地区时立了大功,他率领大军回城,俨然是要夺取政权。于是元老院的几位政治领袖,在他赴会途中将其刺杀。可是,他的死亡并不能制止集权领袖的出现。因为恺撒的侄子屋大维接替了他的角色,将这个民主的城邦转变为集权领袖与元老院"共天下"的局面。从那以后,罗马城邦实质上蜕变为将军们轮流做主的罗马帝国。元老院则成为城中的富人与强者"分君主一杯羹"的机构。

我们没有太多时间再叙述更多的例证,我只提两个名字:一个是法国大革命之后出现的拿破仑,他从民主政治中脱颖而出,最后成为"大皇帝";另一个例子,则是"一战"以后的希特勒,他以无名小卒参政,逐步以"复兴雅利安人的德意志"为口号,在取得政权的步骤上,他完全遵循了魏玛宪法的规定——而最后,他成为国家的"元首",终于陷德国为众矢之的。在列国围攻之下,"二战"的后果是,希特勒身死,德意志国裂。这些例子,都印证了柏拉图预知的风险。

就眼前的情况而言，美利坚合众国三百年来一步步走到世界超级大国的地位，称霸一时。可是今天，我们眼看着美国民主制度的机制也在一步一步走向衰退和变质，以至于特朗普在任时，全国大部分人都在担心他会变成另外一个"僭主"，偷窃"神器"，专权自用。

假如在二十年前，我以上的担忧与讨论将只是纯粹理论的推演；今天，我真不忍说，更不忍看：世界上这样一个新创的国家，拥有一个高尚的理想，居然仅三百年就败坏了。希望天佑世界，让民主政治有一个好的发展过程，而不要一次又一次沦丧在野心家的魔掌之中。

## "中国特色"是历史发展的后果，无法改变，但可检讨

回到中国的论题，前面所说清末的立宪运动，是盼望以民选的代表制约君权，其模式大概是以英国议会民主作为榜样。后来，孙中山建立民国，提到"三民主义"中的"民权"，无可争辩：他是以议会民主作为基本的方式，而由民间选举民意代表执掌政权。中华民国的建立，在宪法上就是如此安排的。只是，孙中山不幸，没有看见中华民国真正的统一，他的理想也从来没有在他手上实现。实际上，他在广东只维持了一个局部的统治，选举制度并没有付诸实践；而他自己是在"军政时期"到"训政时期"执掌那个小小的广东政权。理论而言，北伐以后，中国实现短期号称"统一"的局面。

蒋介石的执政，从北伐定都南京以后就定义为"训

政"：由国民党代替全民执掌政权，因为国民党是以实践民主为目标。只是，北伐以后仅有短暂的安定，国家实际上并未统一。从东北到西南，只有江南一隅是南京政权可以号令的。日本的侵略将这短暂的和平时期终止了，而蒋介石以"训政"为理由的执政，终于又因战争期间的总动员，以军事委员会委员长的统帅身份，完全掌握全国的政权——至少是当时国民政府政令所及之处。

跟随抗战后短暂的胜利的，是接下来的内战，最后出现了中国共产党的革命政权，及国民党政权的结束。这一新政权数十年来以马克思主义的"历史必然论"作为合法性的依据，这几十年来的发展如众所知，不用我再赘言。七十多年来，中华人民共和国经历了许多次的调整。种种措施，尤其前面三十年，引发了数次的重大修正，以矫正其过程中出现的艰困。

历史本是不断地改变的，如果历史没有发展与变化的过程，人类就在长途的旅程中走向了定格。然而，时间永远向前，这"定格"也不能阻挡时间的进展。也是在那些艰困的经历之后，中国的执政者会主导若干阶段性的修正。

历史不会终结,在人类历史上,没有童话中所说的,"从此以后,一切都快乐了"。我衷心期望:经历了这几十年来的修正和改变,中国不断地尝试,也不断得到相当的经验和教训,凡此过程不会中断。如果不再有尝试和转变,就会陷于定格,定格之后就是"历史的终结",也就是我们人类生命的终结。

中国未来的改变不一定是照着西方模式走,我们要注意:所谓"西方模式",是忽略了西方本身长期经历的起起伏伏和不断的修正。中国自己发展"中国特色",既是必要的,也是不可免的。任何民族,都有它自己长程发展留下的文化基因,这些基因在下一步的发展中都会或多或少出现。百年来的中国历史,"领袖因子"何尝不是以类似"基因"的方式反复出现。

我自己的认知,和我学习的科目有关。我的学习和研究方法是历史的,也是社会的。因此,我注视的"中国基因",是作为政权基础的社会。没有社会"底盘",上面就无法建构政治的大厦。简而言之,我注视的方向是中国历史上的政治制度能否运作顺畅,是否为老百姓的福祉而统治。这个社会"底盘",与西方历史上被简单称为"市民社会"的结构并不一样。中国是大国众民,不像欧洲是从城邦发展起来的国家。中国的国土,疆域辽阔;中国的百姓,族群多种;中国的各地区各有地理的特色——在如此复杂的领土内,"社会"从来不是一层,而是从邻里乡党到天下国家,中间有许多层次。而这些"社会",各自具有空间、时间的特色。如何包罗不同层次的"社会网络",组织为一个巨大的有机体,且各个部分彼此维持,又彼此牵扯?对此,必须严肃地思考,仔细地研究。

中国的广土众民,放在一个"天下国家"之内,这个"工程"非同小可。其规模既可以说是"将整个欧洲放在欧洲之内",也可以说,将美国与中国领土面积相仿而人种特别复杂的局面,以其正在呈现的弊病,作为建构"中国"的参数。

## "社会主义"与"社会福利制度"

至于1949年以来中国大陆所探索的"社会主义",这一概念实际上有两个命意:一个是以社会作为主体的一种发展趋向,另一个就是马克思主义。如果说:天地之间存在一个"中国特色的社会主义",不太可能完全遵照马克思主义的原初设想,因为马克思参照的例子是欧洲的几百年历史——从教会专政到启蒙时代,再到科技、工业发展的过程。那是欧洲成长的例子,不是全世界成长的例子。

那时候,赫胥黎、达尔文所主张的"进化",使他们认为自然有一定的规律,人间也应该有一定的规律。如今看来,这种观念是错误的。"中国特色社会主义"需要中国按照自己的情况,根据自己过去的背景,以及当前面临的困难和对未来的展望进行设计。实践的过程中可以有弹性地加、减、乘、除，这取决于中国全体老百姓的智慧，以及领导阶层和知识精英的智慧。

以今天世界的发展而论，马克思主义原来的学说在几个社会主义国家已经分别进行修改。几十年来，中国对其加以发展之后，如今形成的就是"中国特色的现代化"。

如果按照广义的社会主义来看，当今世界至少存在三种模式：中国、英国以及北欧。英国算半个社会主义国家，北欧三国是一个"社会主义大阵营"。北欧三国的成绩颇为可观，我们能否全部照抄呢？不行。这三个国家都是小国寡民，而中国是广土众民。此外，北欧三国的社会基础与中国非常不同：它们都依靠航海起家，未曾经历真正的大工业化。所谓"航海"，一部分是做买卖，一部分是做海盗——北欧如此，英国也如此。所以北欧三国内部并没有大的工业区，反而有许多遗留下来的村落；进而，村落转为地方性社会政策的执行者，最多万余人的社区作为其生活共同体，这是不同于中国的。

说到"社会主义"，中国也可以关注、借鉴英、美的社会福利。美国的社会福利制度,多少有点模仿英国,比如工会法、社会安全法等。但是发展过程不同,处理的优先程序以及在国家财政上的分配也不一样。英语民族所在的地方,相当程度抄袭英、美的做法。加拿大比澳大利亚做得彻底,新西兰我不熟悉,新加坡(以英语为官方语言)做得还可以,不过不如加拿大。整体而言,西方国家的社会福利制度常常也在演变。

我在美国几十年所经见,美国的社会福利制度也是一步一步在修正。我以自己家的情形而言:我退休以前领的薪水,大概只付给我三分之一的现金,另外三分之二的一部分要纳税,一部分要在社会安全福利基金存起来,学校再配发一部分。我的收入在美国算中等以上,但是税很重。美国的社会安全福利基金,以玩笑之言说,等于是"老鼠会":我们缴纳的费用供养前面退休的人,现在年轻一辈缴纳的费用在养我们。这个制度只要不发生大的变动,能永远延续下去;如果哪天垮掉,所有人一起倒霉。

如今,美国社会安全福利基金发生了问题,政府大量地以这些资金救济穷而无业的人,每人一个月甚至可以拿到3000美元。社会安全福利基金，变成现任政权讨好选民的工具。于是，就出现一个怪现象：工厂需要人，却没有人去求职，大家拿社会福利金就够用了。美国经济萎缩，这是很重要的原因。总而言之，这种设计是各族群基于自己的过去与当下制定的。

美国、英国、北欧、加拿大等走过的路，十分清晰地显示在那里。他们讲的民主制度是对的，民主制度是早晚要做的。这不是谁模仿谁的问题，各国的民主程度也不一样。就议会政治而论，美国和英国就不一样，英美与加拿大、澳大利亚不一样，欧洲内部的德国、法国与北欧三国也不一样。具体制度上的细节，中国人可以自己设计。更要紧的是，政府要尊重民意，尊重人民的意志。人民是主人，没有其他人可以做人民的主人。执政团体的功能，可以发挥聚集和培训担任专业职务公务员的职能。至于如何走到这一步，要靠智慧，靠决心，靠奉献。谁能引领中国走到这一步，这个人会是大家感激的英雄，永远纪念的人物。

# 中国的建设与我休戚相关

我盼望有一天,世界上每个公民,都有足够的知识衡量周围一切的事情,能依靠自己去了解天地宇宙、人生百态,体味心里的酸甜苦辣,痛苦、泪水或欢乐、微笑。

今天必须要由知识人出来说话,其中有一部分人是专业的人,专业的人有专业的课题要做——世界的知识分科越来越细,非要有人做不可。我们不能忽略这个群体,但他们不能只谈学问、专业的事情,而必须具有大处着眼、远处着想的气魄。

人文社会科学,更可以在大问题的方向上多费点力。假如如前所说,今天执政党的功能是培训和集聚国家与社会的管理人员,知识人多多少少就应当是在这个团体之内获得学习的机会,承担其义务和责任,将一己的注意力合理分配：一部分对内，做自己专业之内的事情；一部分对外，思考一些关乎人群的大问题。书生可以无权，书生也可以有权。他的"权"在其探索的方向，他提出的解答对别人具有重要的作用——因为这些人在专业地探讨大问题，学习处理若干特别专业性的问题。

以我自己的经验而言，从小开始，我的学习就是多方向的吸收、回刍、反思，将已掌握的信息重新组织，吸收其中的未尽之意。直到今天，我每天还会在网上看《纽约时报》《大西洋杂志》等固定的几份高品质的报刊，以及有关中国大陆、台湾地区以及世界其他地区的新闻。《论语》这本书如果再读，我相信还可以找到其中的新意。假如没有这次世界性的大瘟疫，我不会再去重新检讨中国汉末以及西方中世纪的大瘟疫，也就不会有《许倬云十日谈》这本书。所以，我的学习是随机的，和一个人聊天、看看新闻都会有所收获——哪怕是躺在床上不能动弹，我也会思考一些新的问题。我受困于身体，但我的头脑不会停顿，我的思想不会封闭。

作为一个以历史研究为志业的人，前面四五十年我都在做专业的工作,七十岁才开始做专业外的事情。但是,我在四十岁左右就开始写社论了。因为我的专业是历史,历史是在大宇宙里找一个定点——这就决定了我面对一个问题时,要上下看、四周看,不然我无法理解自己。我从一个历史学家转到如今这个方向——写作大众史学读物,经常和大家讲人生,这并非偶然,也不是忽然决定做的,只是七十岁以后才做得多一点。

两年前,中国学界同行给我一个"终身成就奖"的荣誉,令我受宠若惊。虽然我住在国外,但不能自外于中国,这是我的祖国,这些同胞是我的手足,中国的建设与我休戚相关。我梦里都在想中国怎样才能更好,因此不辞冒昧,有求必应。对于问我的话,我倾囊相对,也并非因为我觉得自己有这个能耐,我只是尽自己的责任,所谓尽其心而已。

我常常举的例子,是"精卫填海"与"鹦鹉救火"的故事。后者出自于南朝刘义庆的《宣验记》:"昔有鹦鹉飞集陀山,乃山中大火,鹦鹉遥见,入水濡羽,飞而洒之。天神言:'尔虽有志意,何足云哉?'对曰:

'常侨居是山,不忍见耳!'"

我不盼望我的话是金科玉律,我有错的时候,我有心存偏见的时候,我的性子太急,有冒失的时候。但我对于中国的心情,与精卫、鹦鹉的心是相通的,我不断地投小石头,是为了要填满这个海;我不停扑腾翅膀,是想用羽毛上的水滴灭掉漫天的森林大火。树林太大了,但我尽其心。

在我而言,日子不多了。就在昨天,一位九十五岁的老朋友走了,他是"大法官",我们向来并肩作战。今天早晨我给他儿子写信,算了算:当年在台湾一起参与设计社会改革方案,共同激发民智、劝导大众的同辈人,如今只剩下我一个了。

但是,我没有那么大野心,认为自己可以解决所有问题。我也不觉得,可以找到最大的、永恒的答案。人生在世,有几个大的问题是永远无法解答的:存在与毁灭,以及身体机能的老化,任何人都无能为力。我所能做的是,在能理解的范围里看见什么现象,我能懂得它,就少一分恐慌,少一分糊涂。但许多问题我解决不了,因为我不是掌权的人——天下没有真正的掌权者可以解决所有问题。我无拳无勇，也没有任何干预他人的地方，但我可以不懊悔，我没有害过人。我永远是在找问题、分析问题，但许多问题我解决不了。

如果让我做宰相，大概皇帝会非常不喜欢——你怎么一眼看过去，到处都是漏洞和破绽呢？你为什么不看看刚刚粉刷一新的墙？所以，我肯定不能做宰相。当年在台湾，和我谈过话的高层人士很多，比如严家淦、蒋经国等，但我一辈子是个旁观者的角色。

我已年迈，关于"生死"的问题，我和太太经常讨论，也并不避讳。我比较担心的是，哪天我闭眼走了，她怎么过。这是我心里的悲苦之处，因为我比她大十二岁。照顾我的生活，我知道她相当辛苦，我常常会想着是不是应该早点走掉。但是，哪天我走了，我不知道她会怎么样。

我父亲当年去世，是午睡醒来去拿报纸，在玄关台阶上踩空，一头栽下去，头碰到地上以后五十六天就走了。他走了以后，我有两个姐姐在台北陪母亲。每年夏天，我一定在家陪她。我们尽了我们的力，她也不怎么孤单。子孙满堂，她感觉没有一个让她丢脸的。

本来她最不放心我，后来我做完手术可以自己走路，事业上也立定脚跟，和太太结婚，生了儿子许乐鹏，她就放心了。晚年的老人家过得相当舒坦，走的时候九十六岁。我和双胞胎弟弟回去陪了她两个月，我睡在病房的凳子上，弟弟睡在地上。老人家左边一看是我，右边一看是翼云，心里感觉很满意。姐姐们每天也来看她。所以，她走的时候说："我没有什么难过的，而且我很好，马上要跟你爹爹见面了。"

只有我自己知道，死去元知万事空，忘不掉的、盼望的是回到父母身边。为什么我们要在故乡买坟地？为什么要将祖父母、父母和兄弟的墓摆在一起？就是这个道理。

# 我对当前中国的建议

中国在近四十年间,发展为大都市或大型经济区的模式。其主要目的,是面对"世界工厂"的特殊要求,这是举世瞩目的成果。今天回顾,似乎在"一条鞭"的策略下,应当容纳一些不同的模式,将大、中、小几个规模的可能性都掺杂发展、彼此扶掖,庶几不会因为中国如此规模庞大、人口众多的现实,而导致内部在巨大单位的"单一模式"之下,如有困难,无从转换。任何建设,最好是诸种模式并行,在复杂中互济互补;有困难时,可存可废。

我认为,每个发展的区域,大小不必有一定的规定。更重要者,是因时因地,按照实际需要,规划该单位的特色和规模。举例言之:瑞士是个很小的国家,内部却是以语言为区隔,划分为十个"邦";"邦"内部又因为地形和产业有不同特色，实际运作的产业区几乎都因地势、因交通而有不同的规划方向，"运用之妙，存乎一心"。在这种情况下，可以随时调节，不至于"牵一发而动全身"。

此外，产业区或生活区内部到结构和组织，也是因时因地而规划为最适宜的方式。我的构想是：假如一个企业有3000名员工，在企业旁边就可以办一个社区，这3000名员工同时也是社区的居民；他们的工作性质一样，志趣差不多，作息时间类似。其中有一半人结婚的话，就有1500名眷属，他们可以做中小学教员、店铺的会计、收银员，甚至是餐厅的大厨和领班、社区医院里的医生和护士，等等。社区之内，邻里之间可以互帮互助，恢复人与人之间的交流和感情。离散的社会对老百姓没好处，不能每个人都生活得如同孤狼。

我很怀念过去中国社区之内，亲友之间守望相助的温情。中国人的邻里之间，有彼此的关怀和照顾；而美国在个人主义之下，邻居多少年可以彼此不相闻问，更谈不上彼此扶持了。这些人的社会福利，国家可以付一部分，从他们的薪水里预扣一部分——企业缴一半，职工自己缴一半，这个事情就做成了。也不用"吃大锅饭"，凡是经历过"大锅饭"的人都知道其中的难处。以中国人的智慧，以中国人经历过的大团体、小团体的各种利弊，以中国政府目前的管理现状，我认为这个设计大体上也许可以实现。

孔子当年曾经回答学生的问话。一个小国，人口繁多，看上去还兴旺。学生问：人多了怎么办？孔子回答道："富之。"国家要注重让老百姓有足够的收入，过得下日子。"富之"以后，下一步还有"教之"——让人与人之间，有和谐的相处方式，让个人和社区的发展，都有合理的特色。

"富之""教之"之后，才有资格谈到未来终极的理想。《礼记·大同篇》最后一段，是我最盼望在中国出现的：老有所终，幼有所养，鳏寡孤独者有人照顾，身体健康的人有工作做，男女都有家庭；货物要在社会流通，财富不要集中在某些人手中，而是惠及大众。我也希望政府能"选贤与能"，参与国家管理的人才不一定出自某些特定的世家——在今天可理解成任何政党、任何集团。儒家提出"大同世界"的人说,这是遥远的未来。实际上,这种社会理想在"圣王时代"从来没有过,那个时候的"圣王时代"也是用以寄托自己的未来于过去。没有到"大同"以前,要"小康","选贤与能,讲信修睦",大家同心合力,分工合作,担起共同建设的责任。"小康世界"至少是我盼望的前景。

附录三

# 五百年世界大变局,推荐十二本书

# 一、"轴心时代"与"资本主义精神"

第一部分我要推荐给大家三本书,都是讨论到从近代开始,十八九世纪以下——那时候正好是中古告别了,我们讲那个时代的兴和衰。所以我们介绍的第一本书,是雅斯贝尔斯的《四大圣哲》。他首次提出"轴心时代"的概念,因为他要考证那个时代的兴衰,要回头去考察人类几个主要的思想体系及文化体系,就要远追到古代。简单来讲就是,基督教的传统包括犹太教、伊斯兰教,这是一批;中国的传统儒家,还有印度教等,这是另一批。欧洲要讨论到希腊、罗马一直下来,直到宗教革命。雅斯贝尔斯提出来"轴心时代"——"轴"就是轮子的轮轴,历史的轮子在滚动的时候,这个枢轴开始作用的时候,那个时代的影响一直延续到近代。为什么说那么久远的文明能牵到近代呢？因为欧洲的近代是把中古的呆滞去掉，直接将古代的源头接到近代的问题上。欧洲的"文艺复兴"是将古代找回来，接到近代的现实产生的东西。

雅斯贝尔斯是一个德国的哲学家，他在"二战"时期反对战争，自我放逐，跑到瑞士去。雅斯贝尔斯的讲演是他在教大学的时候以及自我放逐的时候，向当时人类社会提出了很严重的课题——我们的轴心时代过去了，轴心时代的精神在我们身上又复活了，然后我们究竟做了什么事情？我们做得对不对？这是一个。

第二个，以轴心时代开始做比较的源头，为什么东方、西方与中东三个地区有这么大的差别？是从文明开始的时候，他们思想的假定就不同吗？所以，《四大圣哲》《轴心时代：人类伟大思想传统的开端》，以及韦伯的《新教伦理与资本主义精神》合起来看，这是资本主义与古代的经典挂钩。

# 二、"现代世界体系"与西方的兴衰

第二部分要讨论的,是五百年来的近现代世界。尤其两次世界大战以后,世界好像完全脱离了过去,走向现代,而且走得飞快。主要有三个部分:经济、科技、帝国主义——这三个东西在"二战"以后,转动得非常迅速、非常激烈,激烈到我们几乎是脱空而走。如果真的脱空而走,我们就会摔一大跤。所以这一段的起伏,是很重要的课题。

中国不是西方,但是中国进入了与西方一样的世界——这个世界是全球化的世界。所以在这个课题上面,我建议大家看的是沃勒斯坦的《现代世界体系》。

沃勒斯坦主要推动的就是世界是一家——战后大的趋向是经济走向一家,科技不分彼此。可是,最近的一个大改变,是从大革命到现代文明,以至于到沃勒斯坦说的天下是不可分的世界的时候，我们忽然发现，"权力"这两个字太引诱人。于是西方抓住了它得到的优势，不肯放弃既得利益。历史在往前走，掌权人要停止——停止历史的进展，以便自己永远掌权，他的所作所为挡住新人起来。卧榻之侧岂容他人鼾睡？

所以"兴起与衰亡"这个课题，摆了六本书（《西方的兴起》《大革命与现代文明》《滔天洪水：第一次世界大战与全球秩序的重建》《多元现代性的反思》《21世纪资本论》）。这里尤其提到《大革命与现代文明》，作者是我的老朋友艾森斯塔德，他已经故去，大概比我大五岁。他是很了不起的学者，出身波兰的犹太人。长大以后他回归以色列，在那儿教书。在近二十年来的社会学界，我个人认为他在社会学里面的地位相当于爱因斯坦在物理学界的位置。这个人的著作做的是"比较研究"，将各个文化集团的所作所为，它的结构、它的运作、它的反应加以分析。他主要分析其中知识界的精英分子——知识的普及、钱财的普及和政治能力的普及，是不是三者都同步，还是不协调？前面的国家跑得远远的，后面的国家会不会被丢掉了？这些问题，研究的是现代世界各个地区的走路方向。

后来大家提出多种多样的"现代化"，以及多种多样的革命和现代文明。中国革命和日本革命不一样，日本革命是明治时代的改变一直影响到昭和，跳得很快。德国从普鲁士转到德意志，这是一个大改变；大英帝国的建立是一个大改变，随之而后的美国更是跳跃性的改变——其间都有政治革命、经济革命、文化革命。他们在互相交往之中，有彼此刺激，有彼此学习，也有彼此阻挡。所以我特别推荐艾森斯塔德这两本书，希望各位仔细看看。

最后我介绍一本书：皮凯蒂的《21世纪资本论》。他以这本书来检讨：自从西方兴起以后，他们视为看家性命的市场经济（尤其是利伯维尔场经济）的资本主义，是否能继续存在？资本主义里产生一个现象：货币。现在的经济运作必须要货币，然而，这个原本的工具居然倒过来变成主人了。于是现在运作资本主义里面的货币金融往往脱离了生产。这个究竟是祸是福，很难说。这个令我们非常疑惑，皮凯蒂就指出疑惑之处，这是重要课题。

## 三、美帝国的崛起和衰落

最后要讨论的是，美国的转变。几年前我写了一本书，《美国六十年》（大陆版名为《许倬云说美国》）。我经历了美国六十年的盛衰，在书中我说美国衰败了、破产了，轮子坏了，机器破了、锈了——到今天看来，越看越对。

美国近年来出版的书，有两本可以介绍。一本是弗格森的《巨人：美帝国的崛起和衰落》。这个书名叫作"巨人"，讨论的却是"unfinished emperor"——未完成的帝国。另外一本书是乔治·帕克的《下沉年代》——陷落的时代、衰落的时代，美国下来了。我希望各位先看了这些书，再回头想想大家讨论的那些课题。

## 四、美国忘了世界是一体的,我们不能忘

我希望我们中国人,我的同胞们,在面对我谈到的严重的课题时,要有理性、客观、冷静的态度。如果大家看见美国衰落、西方下降,就鼓掌说"好啊!好啊!"——那就是没有看到,这个其实是大家共同要面对的灾害。

世界只有这么大,美国忘了世界是一体的,我们不能忘。假如一艘十万吨的大船,在大海之中沉没,它的旋涡可以带动附近几十条、几百条的小船一起下去。世界就这么大,如果我们被这大的浪潮一起卷下去,同归于尽,太可惜。我们在重要关头,帮他们一把、扶他们一把,将世界的衰退缓和一下,能够使他们领会不要自私自利,不要骄横无道,或许会更好。大家彼此间不要"比武"。

救他们就是救我们自己,这个灾难是大家的。如果中国做这件事情,别人会感激,未来的人也会感激。

# 后 记

这本《美国小史》的成书缘起,乃是 2018 年年初,由声朗信息科技公司的创办人李建复先生赴匹兹堡录制的十讲音频课程。后来,这一课程在喜马拉雅 APP 上线,名为"许倬云的极简美国史"。录制音频课程期间,许先生也正在思考、总结其在美六十年的所见所闻,撰述《许倬云说美国》一书。

当时,特朗普就任美国总统不久,他推行的"美国优先"政策、退出诸多国际条约以及发动的中美贸易战等举措,如许先生在本书《绪论》中所说,"加速了美国的下滑",对整个世界也造成了相当程度的冲击。所以,《美国小史》与《许倬云说美国》、《许倬云十日谈》,无论是其讨论的课题还是观点、立场,都基于上述背景而展开。

愚意以为,这三本书中,许先生瞩目的要点,乃是在于提醒国人：要怀有一份清醒和理性，看待以美国为代表的现代西方民主制度，及其演变至今的种种得失，并引以为鉴——民主制度不是一成不变的，更不是万能良药；"自由"也不是"散乱"，而是要在群体与个体的权利与义务之间，因应不同时空的文化特色，求得一个动态平衡，且时时调适。

同时，先生也希望国人能够理解，对于以美国为代表的西方文明近半个世纪以来出现的疲乏与变质，我们必须要有所反思、有所警惕，而不能以置身事外的态度，对待这一世界性的巨变。正因有此世界性的变局，先生希望海峡两岸的读者，都能以严肃而慎重的态度，对如此巨变的进程时时关心，避免西方近代文明这条大船倾覆时，其漩涡引发不测之祸。

限于当初音频课程的形式和时间长度，这本小史只是就美国的历史、政治、文化以及当前的危机，择其梗概，点到为止，为读者提供一条条可以继续讨论、探求的线索。而本书附录所收的三篇文章，及前面提到的两本相关著述，也可视为书中相关主题的延伸。

本书初稿，由我据前述课程的录音整理完成（黄雨晴参与了部分工作），并在好友陈新华女士的协助下，从词句表述到知识点的确认，进行了二次修订。2023年夏，许先生增补、修正了部分内容，并口述了《绪论》。当然，书中若有任何疏漏之处，文责由我这个整理者负责。最后，感谢生活·读书·新知三联书店的张龙先生、李静韬女士为本书出版做出的种种努力。

2024年立夏<br>
冯俊文于匹兹堡